武汉历史文化风貌丛书

历史文化村镇

刘奇志　李延新　朱霞　编著

武汉出版社

(鄂)新登字 08 号

图书在版编目(CIP)数据

历史文化村镇/刘奇志,李延新,朱霞编著.—武汉:武汉出版社,2017.4
(武汉历史文化风貌丛书)
ISBN 978—7—5582—1135—5
Ⅰ.①历… Ⅱ.①刘… ②李… ③朱… Ⅲ.①乡镇—介绍—武汉
Ⅳ.①K296.35
中国版本图书馆 CIP 数据核字(2017)第 007771 号

编　　著:刘奇志　李延新　朱　霞
责任编辑:李杏华
装帧设计:刘福珊
出　版:武汉出版社
社　址:武汉市江汉区新华路 490 号　　邮　编:430015
电　话:(027)85606403　85600625
http://www.whcbs.com　　E-mail:zbs@whcbs.com
印　刷:武汉市金港彩印有限公司　　经　销:新华书店
开　本:787mm×1092mm　1/16
印　张:20　　字　数:450 千字
版　次:2017 年 4 月第 1 版　　2017 年 4 月第 1 次印刷
定　价:80.00 元

《武汉历史文化风貌丛书》
编委会

本书编委会

编　　著：刘奇志　李延新　朱　霞

参编人员：谢　慧　黄　澍　刘　媛　姜　涛　秦　涛　李　祥
　　　　　周　浩　李丹哲　张　园

总序

历史是城市的记忆，一页风云，见证一段文明的演进轨迹。

文化是城市的灵魂，一抹风情，彰显一方水土的气质神韵。

在人类历史长河中，武汉就像一叶扁舟，划出了一道又一道年轮，一划就是煌煌三千五百载。两江三镇，是她的自然身份；白云黄鹤，是她的诗意化身；凤舞九天，是她的精神图腾；楚风汉韵，是她的厚重底色；人才辈出，是她的耀世光芒。伴随着长江汉水的潮起潮落，武汉的人文历史亘古流传，恰如穿城而过的两江之水，奔流向东，绵绵不息。

品味武汉，这里有道不尽的岁月沧桑、历史悠长。从商代盘龙城开启城市文明之光，到三国夏口城构筑武昌古城之始；从明末汉口镇跻身“天下四大名镇”之列，到清末汉口港享有“东方茶港”之誉；从辛亥首义之城到全民抗战中心；从我国近代工业重要发祥地，到新世纪享誉世界的中国光谷……

品鉴武汉，这里有赏不够的名胜古迹、文物璀璨。漫步三镇，徜徉武昌昙华林、汉阳古琴台、汉口历史文化风貌街区，或以古朴清幽而著称，或因异域风情而惊艳，传递的是悠远凝重的城市历史，演绎的是绚丽多彩的汉派文化。归元佛刹、汉阳铁厂、八七会址、江汉关大楼……如同珠玉般镶嵌在江城，或浓缩一段

总序

历史，或诉说一则往事，衬托出城市的古韵流芳。

品读武汉，这里有吟不完的诗词歌赋、文采风流。“晴川历历汉阳树，芳草萋萋鹦鹉洲”。武汉外揽山水之幽、内得人文之胜，借两江春水，汇百里风光，咏千古诗章。屈原的“与天地兮同寿，与日月兮齐光”、崔颢的“黄鹤一去不复返，白云千载空悠悠”、李白的“孤帆远影碧空尽，惟见长江天际流”……每一句都是脍炙人口的绝唱，每一首都是永恒传世的经典，闪耀文学光芒，绽放城市华章。更有一代伟人毛泽东，留下了“茫茫九派流中国，沉沉一线穿南北”“一桥飞架南北，天堑变通途”的不朽诗句，写尽了大武汉气吞山河的雄浑气势。

历史需要铭记，文脉自当传承。站在历史与未来的交汇点上，守护先人的馈赠、延续城市记忆、彰显武汉魅力，是时代赋予我们的神圣使命。武汉人民有责任呵护城市历史文化基因，护其貌、扬其韵、传其神、铸其魂，推动历史遗存与现代文明交相辉映、和谐共生。

怀古以励志，掩卷当奋发。让我们追寻历史脚步，走进岁月深处，激扬家国情怀，书写大武汉未来。

2017 年 1 月

目录

目录

目录

序

“暧暧远人村，依依墟里烟。”看河水清澈萦绕，看山峦翠烟袅袅，看村民憨厚纯朴，看民居古朴静好……提起古村落，一幅宛如世外桃源的美好画面便会跃然脑中。乡愁，是一份无法割舍的原始情感，是一种难以忘怀的缱绻眷恋。记住乡愁，是心底的愿望，而留住乡愁，是历史镇村保护工作的目标。

在武汉市域八千多平方公里的大地上，散落着许多古村落、古民居、古山寨，或静卧于原野，或深藏于丘谷间。其中最具代表性的大余湾，已被评为国家级历史文化名村。由于种种原因，这些散落的古村落风貌或多或少地遭到毁坏，年代久远的历史痕迹越来越少，保护工作十分急迫且任重道远。

为进一步保护好我市镇村历史文化遗存，继承和发扬名镇名村特色风貌和文化内涵，打造地域文化品牌，从而推动乡村经济和社会协调、科学、健康发展，近年来，武汉市在历史镇村保护方面不断创新探索，也取得了一些成效。2012 年，武汉市国土资源和规划局完成了我市历史镇村保护名录规划，并获市政府批

序

复。该规划在对全市历史文化遗产资源进行全面调研的基础上，构建了历史镇村评价指标体系，并推荐了历史文化名镇名村分级名录，填补了我市历史镇村体系保护的空白。随后的几年间，我们陆陆续续地开展了对历史镇村后续的深化、调研工作，又发现了我市北部山区里的“木兰干砌”石头村及部分有一定自然特色、建筑风貌保存相对完整的传统村落和古山寨。在整个调查和研究工作中，我们也得到了各区政府、区国土规划局、华中科技大学建筑与城市规划学院的大力支持和帮助。

在这本书中，收纳了散落在武汉山峦湖泊、乡间野外的 31 个历史镇村与 8 个古山寨，记载着每个镇村的前世今生，描绘了镇村的自然风貌、空间格局，讲述了民居建筑的风格特色，将一个真实的村镇面貌全面呈现在读者面前。希望读者能跟随这本书，走入历史镇村之中，了解它的历史，关注它的现在与将来，唤起徜徉心底的乡愁。

WH LSWH FMCS

第一部分

历史镇村

江夏区
Jiangxia Qu

金口古镇

（1）概况

金口街道位于江夏区西部，金水河与长江交汇处，上连川湘，下达淞沪，长江、金水河和武赤、虎新公路纵向贯通全镇，沪蓉高速、金湛公路横向穿过镇域，因水陆畅通，百货聚集，一向有“黄金口岸”之称。金口街道西临长江，与汉南区、蔡甸区隔江相望，南靠嘉鱼县，北依洪山区，东与江夏区郑店、法泗两街镇毗邻，东西窄，南北长，镇域面积 237.68 平方千米，总人口约 10 万人。金口古镇位于金口街道偏西北隅，西及西南以长江、金水河为界，北以车站路、回峰山为界，东至凤凰山－藕塘东侧与金岭路－金湖路，南以府前路为界，总面积约 36.98 公顷。

雄伟壮观的槐山矶驳岸

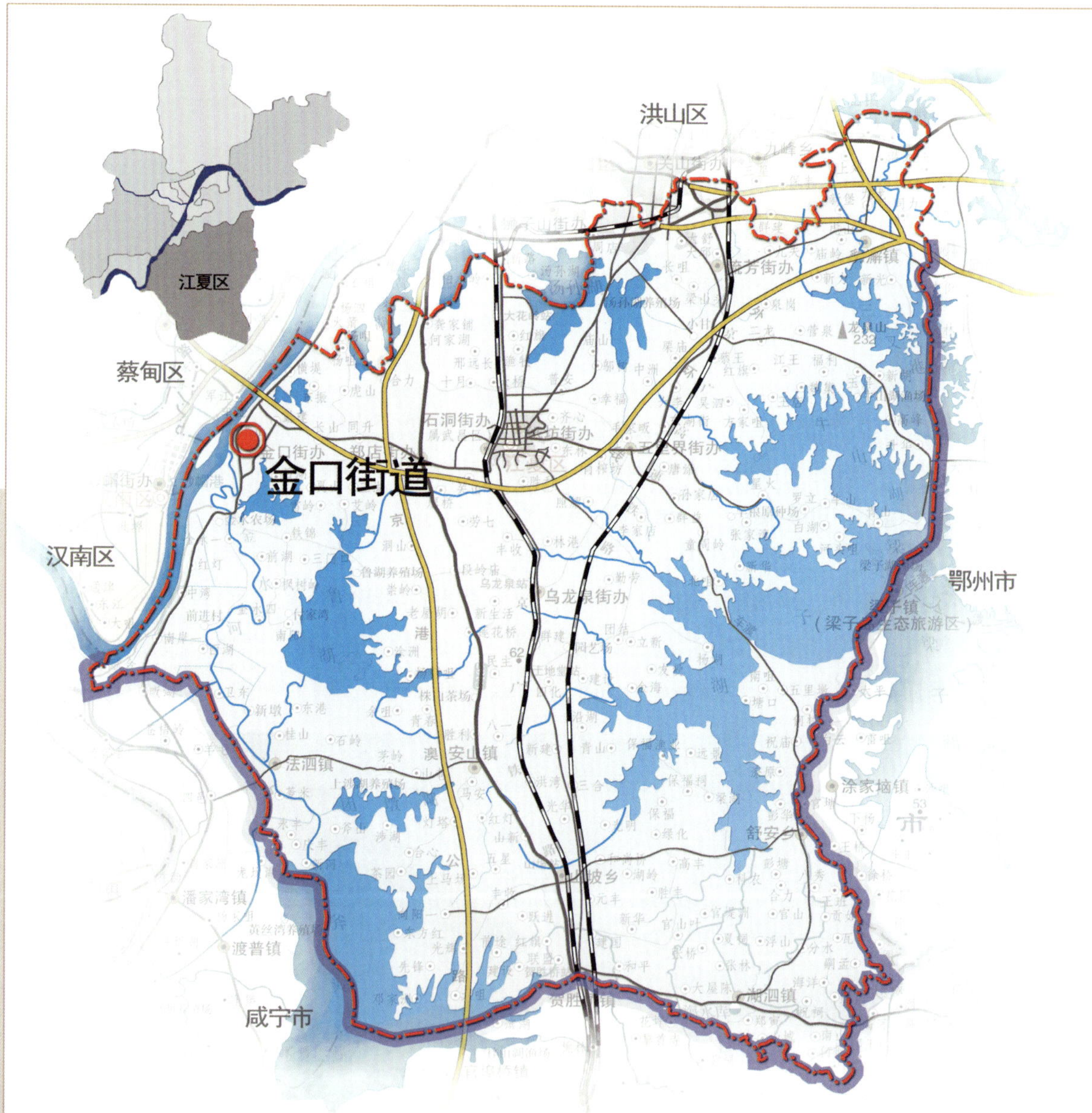
江夏区
洪山区
蔡甸区
汉南区
鄂州市
咸宁市
金口街道
金口街办
郑店街办
石洞街办
乌龙泉街办
纸坊街办
五里界街办
庙山街办
安山镇
法泗镇
舒安乡
湖泗镇
山坡乡
潘家湾镇
渡普镇
涂家垴镇
梁子镇
（梁子湖生态旅游区）

（2）历史沿革

金口始名沙羡，后称涂口，以金水河（古名涂川、涂水）入长江之口得名，唐宋之际，因在涂口发现金矿改今名，迄今有2300多年历史。金口自东周楚（约公元前350年）置沙羡于涂口，因其地多沙滩而得名。西汉高祖六年（公元前201年）置江夏郡，领县十四，其中沙羡县，治涂口，辖今汉阳、汉口一部分及嘉鱼、咸宁、蒲圻大部，是武汉最早的县级行政单位，号称“武汉第一县”。吴黄龙元年（公元229年），吴孙权始筑沙羡城，堪称武汉最早的城。隋开皇九年（公元589年），江夏县治北迁郢城（今武昌区），涂口属之，金口镇制。至此，金口作为郡县治所长达近八百年。唐宋元明清历代，金口为长江中游港埠古镇。在漫长的历史选择和自然演变中，金口以其沿江靠港、水陆交通便利的区位优势，确立了其在长江中游的经济地位，成为鄂南诸县市的商品集散地和长江上游的重要港埠，历代“商贾繁荣，街市锦鳞”，久享“黄金口岸”和“小汉口”之美誉。

1982年，金口成为武汉市卫星城镇，1996年为武汉市总体规划确定的七个新城之一，现是国家计委、住建部确定的全国小城镇建设试点镇、湖北省与武汉市小城镇综合改革试点镇、武汉市28个市级重点建设镇，被中宣部列为全国200个创建文明村镇示范点。

金口古街之一

（3）空间格局

金口有狮子垴、黄鹤垴、夏家垴、杨家垴、陈家垴，共称五垴（谐音“五老”），与半边街巨幅太极图互为呼应，故称“五老观太极”。黄鹤垴水流入金水河，经过半边街太极图，又称“黄鹤绕太极之水”，为金口一大胜景。

金口的山、水、河、湖、塘与古镇之间有着紧密的风水关系，交相辉映，形成了极具特色的景观风

金口古街之二

貌。长江、金水河、杨蒋湖–藕塘、凤凰山、回峰山围绕古镇形成了“江河湖山，风水形胜”的山水空间格局，以滨江大道和金岭路“十”字商业主街为主轴的鱼骨状传统街巷，记载了古镇的历史发展脉络和空间肌理。整个古镇至今仍存有从藕塘至杨蒋湖经曾家桥、花园路的古代排水沟，古沟连通起藕塘和养马湖，以及金水河和长江，形成完整的地下排水系统，反映了古镇人民的智慧。

金口古镇现存两条老街，即后山街和后湾街。清末至民国期间，地方绅士捐资将镇内主要道路和街巷均铺设为青石板路。后山街南起金口小学（五枫桥），北至税务所宿舍楼（粪林场），总长380米，平均宽4米，南北走向，条石路面，市民集居。后山街主要由长约1.2米的花岗岩条石横向铺砌，两侧亦由条石竖向护边，总宽约1.6~1.7米，石板路长约340米。后湾街北起双土地庙，南至一井巷，长400米，平均宽4米，南北走向，条石路面，现两侧亦为居民区。后湾街石板路主要由三至四条竖向花岗岩石条铺成，宽约0.8~1米，石板路总长约180米。

金口古街之三

（4）历史文化资源特色

镇内历史文化遗产丰富，包括国家级文物保护单位两处，即槐山矶驳岸，面积约9000平方米，为明朝修建的水利工程，以及湖泗窑址群组成部分的郑家岭窑址，面积约2000平方米；市级文物保护单位1处，即斩龙台遗址；区级文物保护单位8处，包括中山舰罹难地暨凤凰山烈士墓、金水闸、龙床矶遗址等。不可移动文物14处，包括槐山留云亭、淮山碉堡群、五枫桥等。除文物古迹外，还有古街巷、传统建筑、历史环境要素以及传统习俗、民间技艺等非物质文化遗产，这些都彰显着古镇的历史文化特色。

1）金口老街和传统建筑

金口老街两侧建于清末的沿街店铺、传统民居、福音堂、三义庙等历史建筑，

传统沿街商铺

以及石板街面、石碑等，仍较为集中和完整地反映了古镇的传统风貌。金口的传统建筑主要以南方天井式民居建筑和沿街柜台式木排板传统店铺为特色，基本为砖木结构，少量独栋建筑为悬山工木结构民居。沿街店铺之间在檐口上部有封火马头山墙，院墙多采用封火高墙。

现今保存较为完好的传统沿街商铺为建于清代的后湾街 12 — 14 — 16 号、13 号，后山街 66 — 68 — 70 号、后山街 25 — 27 — 29 号等。后湾街商铺沿街立面高低错落，有一层、一层半、两层之分，檐口从 3.5 米至 4.8 米不等，沿街铺面均中开门，两侧为柜台，上部铺板可打开进行买卖，门板上枋梁较为粗大，枋梁上部封为檐板，檐部一般由插枋挑出瓜柱支撑；16 号柜台上设有栏杆，封檐板上方加披檐夹层，即阁楼层，披檐两侧加封火墙。后山街 66 — 68 — 70 号由三间店铺组成，均为外观加披檐的两层建筑，南侧两间为一组，屋檐下两间之间设有隔墙，北侧一间较为高大，其南侧柜台铺面单设于铺板外。后山街 25 — 27 — 29 号由两间店铺和一间住宅组成，住宅与店铺间檐口处设有封火山墙；25 号店铺为全敞开式铺板，外观两层，层间有小披檐，室内木地板保存较好；27 号总体建筑式样与后湾街 16 号类似，为传统柜台式，柜台上方设有栏杆。

藕塘路古井

传统民宅以建于清代的后湾街 52 号刘宅为代表，两层建筑，四周高墙封椽，内有占地 10 平方米的天井，两旁是厢房，最后面是一间高大的厨房，旁边有一个小天井，内有深约 6 米的古水井一口。

后湾街古沟下水口

2）槐山矶驳岸

槐山矶驳岸位于槐山西麓，雄峙江滨，控扼金水之口，矶石突兀，暗礁密布，漩流湍急，航行危险，商旅惊骇，故名“惊矶头”。驳岸建于明嘉靖年间，为三层台阶式条石结构护岸防水堤矶，清代又进行修葺加固。整个石驳岸依山而建，平均高度7米，全部用麻石垒砌而成，每层有2米宽的纤道，行走宛如坦途，岸壁凿有圆形柱孔，便于撑篙系缆，中、底两层中部，各有圆拱涵洞1个，高2米，深10余米，以泄山洪。底层长约400米，中层稍短，顶层有麻石栏杆，全长226.3米，两栏之间，按等距离立有金瓜顶方形望柱，高0.6米，宽0.25米，共130根，两柱之间，用整块长方形石块嵌成栏板，每块宽1.5米，高0.4米，计129块。纵观整个石驳岸，建筑技艺精湛，造型气势磅礴，具有明代雄伟古朴的建筑风格。顶层有小道可通槐山顶端留云亭。人们乘船自江中望去，驳岸与古亭连成一气，浑然一体，犹如一道临江的城垣楼阁，巍然屹立，蔚为壮观。清光绪年间，为确保安全，湖北按察使司七年、湖北武昌府八年先后在槐山立碑示禁，名为“槐山示禁碑”，现位于最上一层驳岸山脚，保存较好。民国十五年，镇上商绅出资修补槐山矶石驳岸。

槐山矶驳岸近景

槐山矶驳岸是为保障长江行船安全而设置的永久性建筑物，历经数百年水激浪摧而毫无损毁，是现代保存完善的古代大型水利建筑工程之一。它充分体现了中国劳动人民的聪明才智和明代修建水利工程的水平，是长江航运建设中的瑰宝，具有重要的历史意义和科学价值。2013 年 3 月，槐山矶石驳岸被公布为全国重点文物保护单位。

留云亭

3）留云亭及淮山寺遗址

留云亭位于槐山东侧顶端，古称达摩亭。清康熙五十三年《江夏县志》载："初祖（菩提达摩）始入中国，折苇渡江即此。后人建亭塑像以祀之。"有碣载初祖诗云："峭石凌空浪拍天，淮山依旧锁风烟。回头二十年前事，那得工夫上钓船。""今环亭皆有芦，四时葱茂，移置他处即得不活，俗传为仙芦云。"明代重建此亭时，借唐人崔灏"黄鹤一去不复返，白云千载空悠悠"的诗句，以武汉黄鹤飞去、金口留下白云一片的意境，改名"留云亭"。清同治八年《江夏县志》载，清顺治年间，段以融（又名段灿，金口人）将留云亭修葺一新，撰诗立碑云："昔有黄鹤在汝南，城迁一去不复返。此地空余亭春秋，白云千载留槐山。"民国初年，留云亭曾毁。民国十三年（1924 年），绅耆肖禹虔、安春林、赵衡斋等集资募款重建，增砌护亭围墙，中开圆门。解放后，重加修缮，保存完好。

留云亭亭高 15 米，为上下两层六角形塔式亭，斗拱飞檐，玲珑别致，亭内直径 9.6 米，顶上铺盖黑色水泥仿古布瓦，亭间有 6 根圆柱，周围有 50 厘米宽的水泥座台，

淮山寺古银杏

座上建有水泥靠背栏杆，亭中有石桌石凳，供人歇息，亭南正中悬匾，竖写草书“留云亭”三个大字，古朴端庄，刚劲有力，四周为方形围墙，园内总面积 2400 平方米，上山石级 112 步。

昔日留云亭西侧有三层高的望江楼，山下有淮山寺、丁（奉）公庙，西华观等，现均已毁弃，存有部分建筑基址和建筑构件，特别是淮山寺大殿前后的三株唐代银杏古树生长良好。

4）中山舰罹难地暨凤凰山烈士墓

1938 年 10 月 24 日上午 9 时，一架日军侦察机窜入金口上空，停泊于赤矶山锚地的中山舰当即以高射炮对空射击。中午时分，6 架日军轰炸机迎面扑来，萨师俊舰长传令迎战。来犯敌机盘旋一周，朝北向汉阳大军山方向飞去，然后一个大迂回，对中山舰进行猛烈炮击。中山舰采取规避行动，在长江中走“S”航线，与敌机周旋。终因敌众我寡，火力悬殊，受到重创，下午 3 时 50 分，一代名舰全部沉没于长江南岸龙床矶江底。战斗中，自萨师俊舰长以下有 25 位官兵壮烈殉国，幸存者仅 18 人。中山舰蒙难当日，舰上 18 位幸存官兵在当地渔船救援下生还上岸，当晚，有 17 人夜宿金口后湾街刘宅“金口邮政代办所”（今 52 号），受到居民热情款待。同时，金口镇“土码头”周进文等人趁军舰还没有完全沉没时，打捞出 12 具遇难者尸体，翌日买汤开彬棺材铺的 12 口棺材，裹白布，统一埋葬在金口凤凰山南麓东南角（今金水乡政府旧址院内）。每个遇难将士坟前竖有高约两尺、宽约五六寸的木制墓碑。

1988 年，在烈士墓地原址新修起了圆形的中山舰抗日阵亡将士墓，并竖大理石墓碑，上刻“中山舰抗日阵亡将士之墓”等字。墓系现代水泥结构，圆形。直径 2.8 米、高 1.2 米，正南北向。2002 年，武汉市江夏区人民政府核定位于金口街凤凰山

中山舰博物馆

南麓的中山舰抗日阵亡将士墓和位于金口街牛头山顶的中山舰抗日将士纪念碑等两处文物为区级文物保护单位。2008 年 10 月 16 日，中山舰抗日阵亡将士的遗骨从凤凰山南麓墓地迁至牛头山纪念碑所在地的纪念园区。

5）金水闸

金水闸

金水闸位于金水河下游出口处，北与长江相连，东南面紧邻禹观山，现属金口电排站管辖，建筑占地面积 2000 平方米。民国十三年（1924 年）秋开始勘探设计，直到 1935 年 3 月工程才竣工，历时 11 年，耗资 90 万美元，是 20 世纪 30 年代年代湖北省最大的排水闸。整个工程由金水堤、金水闸组成，是民国时期重点工程项目，也是国民政府修建的中国最大的水利工程之一。其设计建设

蒋介石题额

金水闸纪念碑文（现已毁）

融合了当时世界专家的智慧：美国人任总工程师，奥地利人任工地总监，闸门由英国公司设计，荷兰人参与审查计划，最后蒋介石为它亲自题额。

金水堤、金水闸修建以前，每逢洪水，长江水就会沿金水河而上，现在的范湖乡、法泗乡、马鞍山镇、河垴乡以及临近的嘉鱼县和蒲圻市的部分地区几成泽国，几百万居民不得不背井离乡，流离失所。工程完工以后，洪水沿金水河倒灌的现象彻底根绝，并且每逢涝灾，堤内的积水通过金水闸的几台巨型水泵被及时地排到长江中。自此，金水河两岸的黎民百姓避免了年复一年的洪涝之苦。

该闸系钢筋混凝土建筑，分三孔闸，闸门三块，单孔净宽 6.65 米，净高 7.68 米，流量 104.6 立方米 / 秒，系卷扬式手摇起闭式结构。闸底高程 13.2 米，闸墩高程 20.27 米，闸室总宽 44 米，顺水长 108.86 米。1935 年春竣工时，在闸门旁立白色的大理石纪念碑，碑高约 2 米，正面镌刻蒋介石题额“金水闸”三字，背面镌刻着当时全国经济委员会的纪念碑文，计 259 字，碑文字现已毁。金水闸是近代长江水域史上的一座重要的水利设施。突兀的禹观山头立于金口闸西。相传大禹治水曾路过金口，登临此山，俯视江河水势。山以人系，得名禹观山。1999 年 8 月被定为区级文物保护单位。2002 年在老金水闸 50

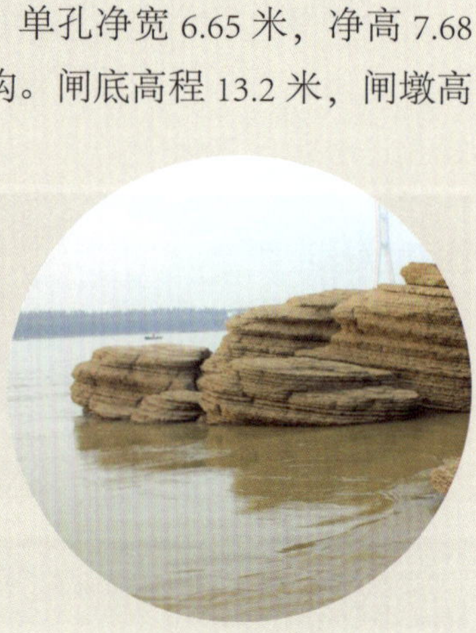
龙床矶：龙床叠被

米之外，修了新闸，现老闸除闸门已不开启外，涵洞还在发挥作用。

6）古遗址和古墓葬

淮山2号碉堡

除历史建筑物外，金口镇域范围内还保存多处古遗址和古墓葬，如新石器时代的杨家湾遗址、聂家湾遗址、龙床矶遗址、香炉山遗址等。商周时期的斩龙台遗址、黄龙潭遗址等遗址群；三国时期的赤矶山遗址，为孙刘联军陈兵鏖战曹魏的三国古战场；六朝时期的楚凤魏湾墓、螺蛳墩墓、江家岭墓、小岭湾墓、洪家湾墓群、杨家咀墓等墓群；宋朝时期的郑家岭窑址、蔡家湾窑址等，是武汉存有官窑的重要证据。

浮 山 村

浮山桥

（1）概况

浮山村位于江夏区湖泗镇北部，东邻舒安乡官山村，南接高碑村，西临夏祠村，北靠张桥湖。湖舒公路（湖泗至舒安）从浮山村的东侧经过。浮山村位于鄂南幕阜丘陵向江汉平原延伸的过渡地带，村域面积 4.4 平方千米，属低山丘陵地貌，总体地势北高南低，西高东低。村北为张桥湖，东面和西面均有一条河流穿越，村西有一座浮山，浮山周边分布着大小不等的山体和水塘。浮山村共有 6 个自然湾，村庄的发展较为缓慢，一直是江夏区最为贫困的“南八乡”之一，基本保持了 20 世纪八九十年代的布局模式及建筑风格。

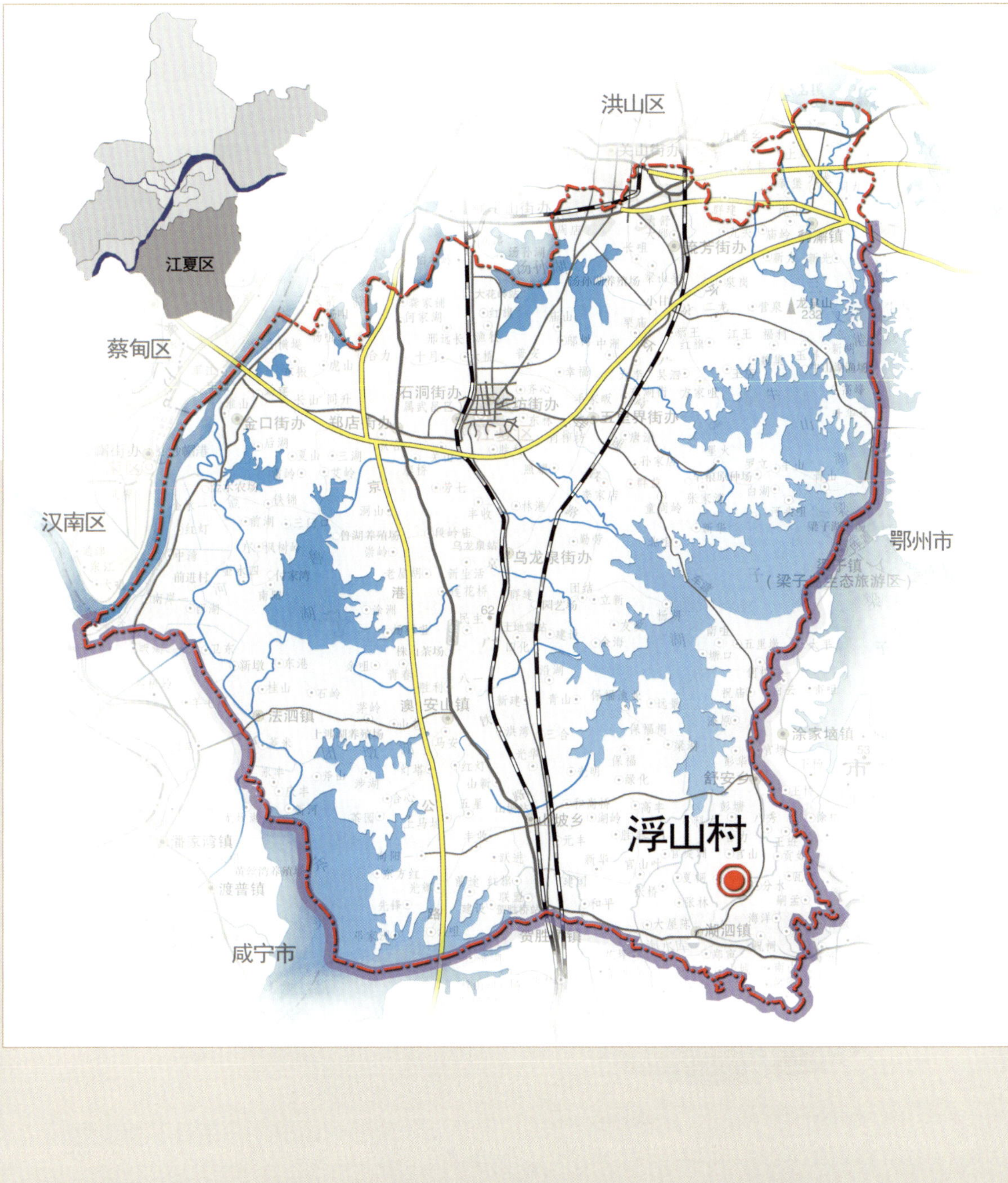
江夏区
洪山区
蔡甸区
汉南区
鄂州市
咸宁市
石洞街办
金口街办
郑店街办
乌龙泉街办
安山镇
法泗镇
舒安乡
湖泗镇
涂家垴镇
梁子镇
（梁子湖生态旅游区）
浮山村

（2）历史沿革

浮山村现存历史文化遗产规模较大，年代久远，湖泗窑址群的三处窑址以及清末民初的传统民居建筑，为国家级文物保护单位。湖泗窑址规模大、分布范围广、延续时间长，在长江中游地区的古代窑址中实不多见，也是湖北地区宋代时期制瓷规模最大的窑场。这一地区水陆交通便利，其岗垅蜿蜒起伏，港汊曲折交错，蕴藏丰富的瓷土原料，正是有了这一得天独厚的地理优势，在宋朝时期形成了窑场林立的空前盛况，也反映出宋代江汉平原乃至整个湖北地区的制瓷水平，是宋代经济重心南移的一个实证，同时也说明了湖泗窑址在历史上的重要地位。湖泗窑址青白瓷不仅填补了湖北地区古代瓷器烧造的空白，也丰富了中国瓷器史的内容，为研究湖北地区同时期墓葬出土的瓷器窑口、古代经济发展状况及全国各地区古代制瓷技术的交流等，提供了科学依据。

（3）空间格局

浮山村共包含6个自然湾，其中，3个自然湾分布在村北，临近张桥湖，另外3个分布在村西的河畔。浮山村现存湖泗窑址群主要分布于张桥湖周边，或沿村西部河流呈带状分布，利用周边的低矮山丘作为瓷土原材料。窑址群与自然村落紧密相邻，反映了当时村民生产与生活之间的密切联系。窑址群建成于五代至元明时期（公元907—1644年），目前共发现15座窑堆，12座窑炉，主要分为龙窑结构，有少量的馒头窑。浮山村窑址堆沿着梁子湖湖汊分布，主要生产青白瓷，产品种类也比较丰富，产品有碗、盏、盘、碟、壶、罐、高足杯、瓶、粉盒、灯、钵、盂、薰、枕等，烧造年代从晚唐五代一直延续到宋、元、明时期，以宋代为主。

水边的古窑址堆

（4）历史文化资源特色

浮山村内分布着国家级重点文物保护单位湖泗窑址群的三处窑址，即宋代的下浮山窑址、上浮山窑址和吴世余窑址，总占地面积约30000平方米；不可移动文物1处，即浮山桥；传统风貌建筑2处，即下浮山湾传统民居。

1）窑址群

下浮山窑址位于浮山村下浮山湾

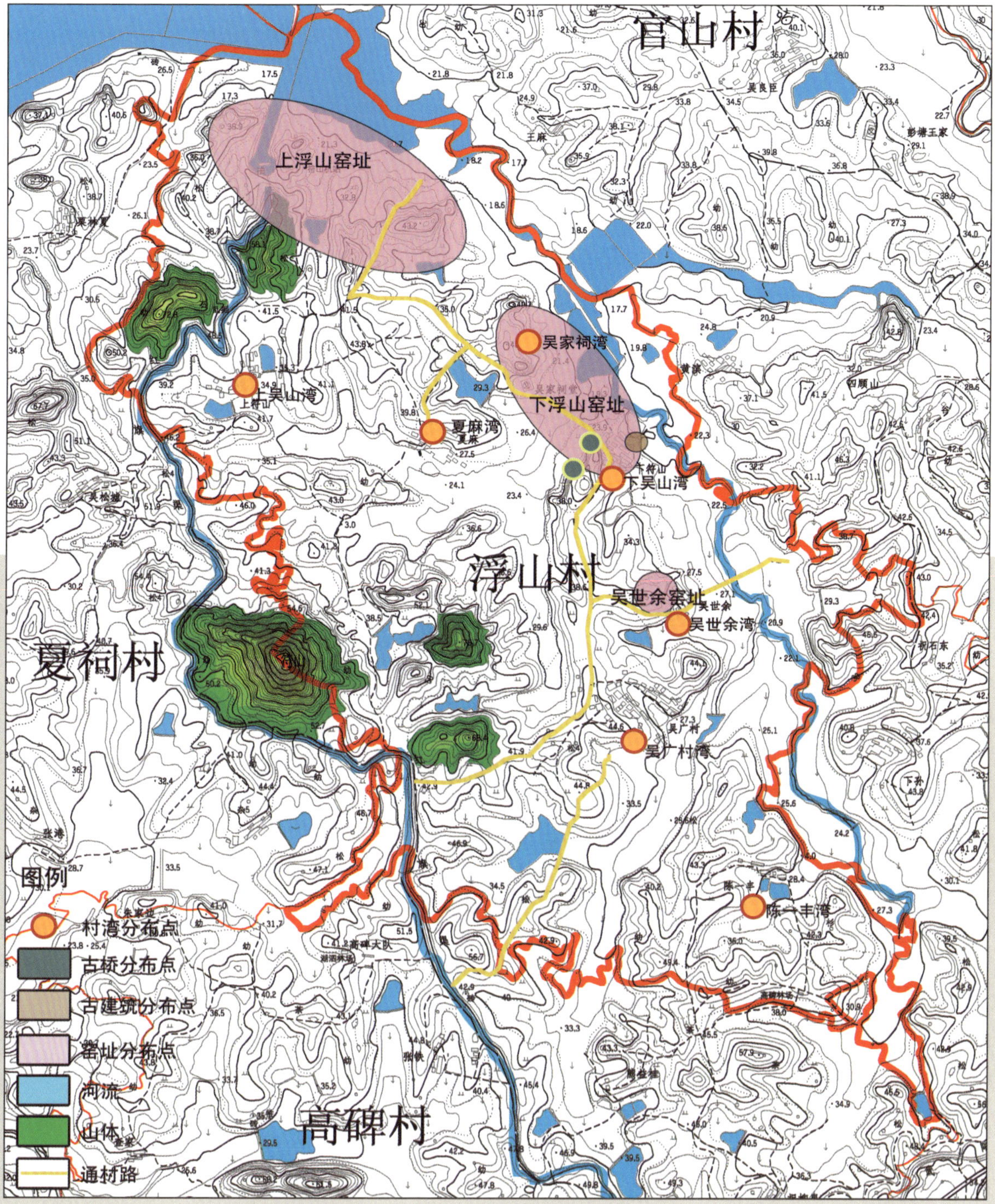

村湾与历史资源空间关系图

东北部的湖坡岗地上，东面为湖汊。整个窑址由北向南在坡地上分布 7 座窑堆，均系长条形龙窑，保存较好，总面积约 22000 平方米。窑堆上发现大量窑具及青白瓷片等遗物。

上浮山窑址位于浮山村上浮山湾东北部的湖汊岸边二级台地上，东北紧临梁子湖汊。整个窑址的大小窑堆达 8 处，共有 12 座窑炉，均属斜坡龙窑，一般窑堆长近 50 米、高约 4~5 米，总面积达 6000 平方米。窑堆上发现大量的匣钵残片、青白瓷碗、壶、盏之类的瓷器残片。

吴世余窑址位于浮山村吴世余湾的北部约 300 米处林地内。窑址周边有茂密的树林。窑址坐西朝东，南北长 40 米，东西宽 50 米，总面积约 2000 平方米。窑堆高近 7 米，是一条近东西向的龙窑。窑堆上发现大量的窑具堆积及青白瓷堆积。

古窑址堆

下浮山湾传统民居外围

2）浮山桥

浮山桥位于下浮山湾东北部，建于清代，为青石结构的单孔石桥。桥面全用方块青条石，侧面局部砌建有红砂石，基础两端叉开呈“八”字形状。桥全长 18 米，中宽 5 米，两头宽 5.3 米，跨度 8 米，顶厚 0.6 米。

下浮山湾传统民居内景

3）下浮山湾传统民居

下浮山湾传统民宅因地制宜，依山傍水分布，西靠下浮山窑址山体，东临开敞的水塘以及农田，西高东低的布局，既避免了梁子湖冬日的寒风，又易组织排涝。村湾内共有两处传统风貌建筑，建成于民国初期，总占地面积1020平方米，建筑面积940平方米，建筑青砖灰瓦，其典型特点是硬山墙、天井和四水归堂的瓦顶坡面，以及三合院式的建筑格局。

夏 祠 村

古渡口

（1）概况

夏祠村位于湖泗镇北部，东邻浮山村，南接高碑村和张林村，西北为张桥湖，属梁子湖水系，村域面积 4.7 平方千米，户籍人口 1214 人，常住人口 327 人。村庄总体地势南高北低，林木资源丰富，风景宜人。夏祠村共有 8 个自然湾，主要产业为种植水稻、苗木、经济林（沙树林等），村庄的发展较为缓慢，一直是江夏区最为贫困的“南八乡”之一。

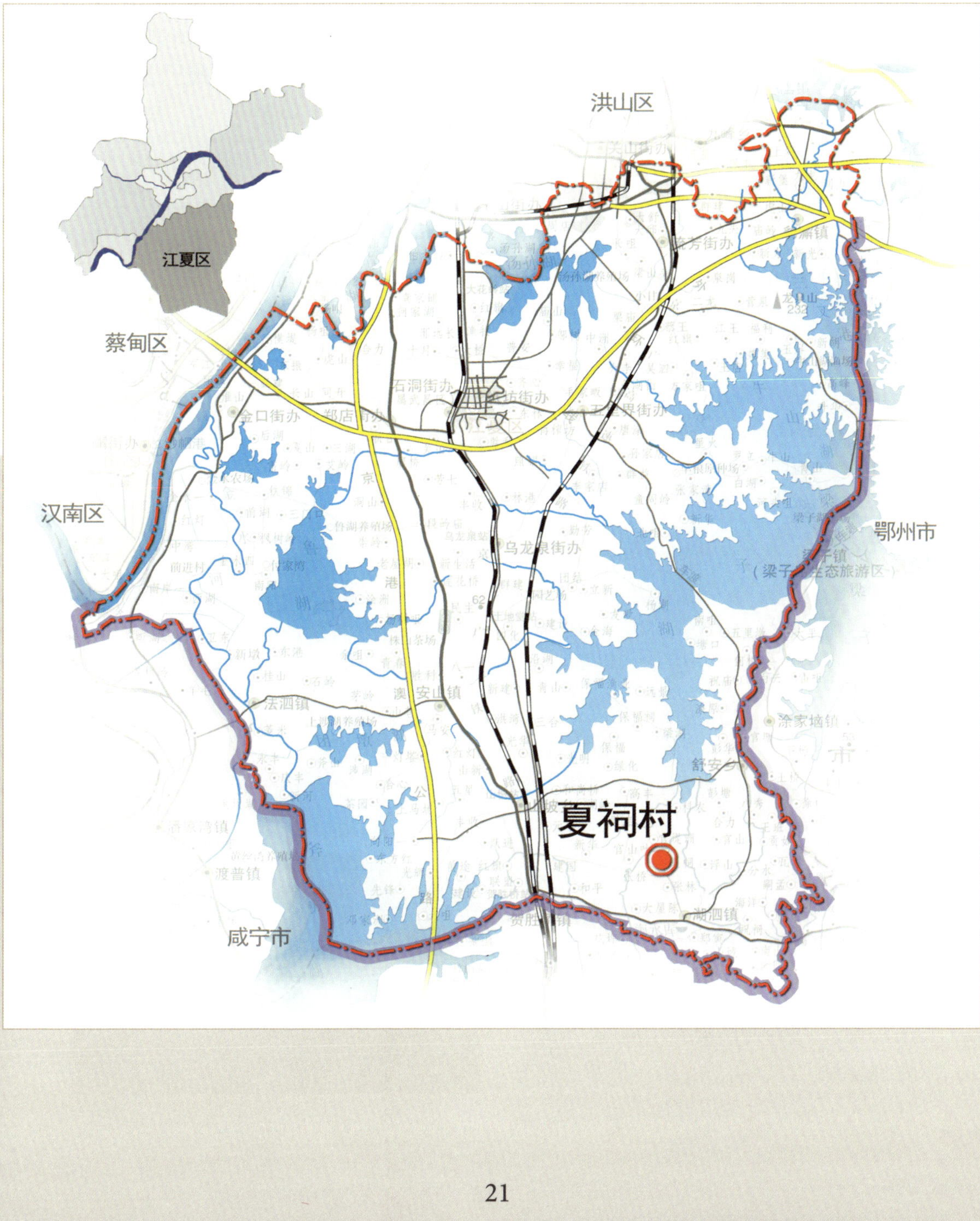
江夏区
洪山区
蔡甸区
汉南区
鄂州市
咸宁市
夏祠村
金口街办
郑店街办
石洞街办
纸坊街办
五里界街办
乌龙泉街办
庙山街办
流芳街办
梁子湖
（梁子湖生态旅游区）
涂家垴镇
法泗镇
安山镇
舒安乡
湖泗镇
贺胜桥镇
渡普镇
舒安乡

（2）历史沿革

夏祠村现存主要历史文化遗产为湖泗窑址群的六处窑址，这些窑址和部分传统民居建筑等组成国家级文物保护单位。湖泗窑址群规模较大，大多分布于梁子湖水系张桥湖畔。便利的水陆交通和丰富的瓷土原料提供了得天独厚的地理优势，使得这一地区在宋朝时期出现了窑场林立的空前盛况。夏祠村总共发现22座窑堆，14座窑炉，主要产品有青白釉瓷器和青釉瓷器两种，瓷器的种类均为壶、罐、碗、盘、碟等日常生活用器，造型规整匀称，胎以灰白色为主，釉面晶莹，有的器物的内外壁还刻画菊瓣、莲瓣等花纹。

（3）空间格局

夏祠村山环水抱，山上多植茂密树林或竹林，环境宜人，空气清新。现在共有8个自然湾，其中有6个自然湾分布于村西，临近张桥湖。村内建筑大多建于20世纪八九十年代，仍存有部分传统民居，建筑青砖灰瓦，坐北朝南，沿着山坡而建。夏祠村湖泗窑址群大多分布于梁子湖水系周边，与村庄居民点相邻，沿梁子湖水系湖汊由北至南呈带状分布。

（4）历史文化资源特色

夏祠村内分布有国家级重点文物保护单位湖泗窑址群的六处窑址，即宋代的栗林夏窑址、承福咀窑址、大屋夏窑址、邱家边窑址、新支堂窑址、周庄夏窑址，总占地面积约83000平方米；不可移动文物1处，即下但遗址，面积1000平方米；传统风貌建筑1处，即周庄夏湾百年老屋。

1）窑址群

栗林夏窑址的规模最大，约45000平方米，调查发现大小窑堆8处，窑炉11座；承福咀窑址规模次之，约18000平方米，发现窑堆7座；新支堂窑址面积约8000平方米，发现窑堆3座；大屋夏窑址面积约6000平方米，发现窑堆2座；周庄夏窑址面积约4000平方米，发现窑堆1处，窑炉3座；邱家边窑址面积约2000平方米，发现窑堆1处。窑

古窑址

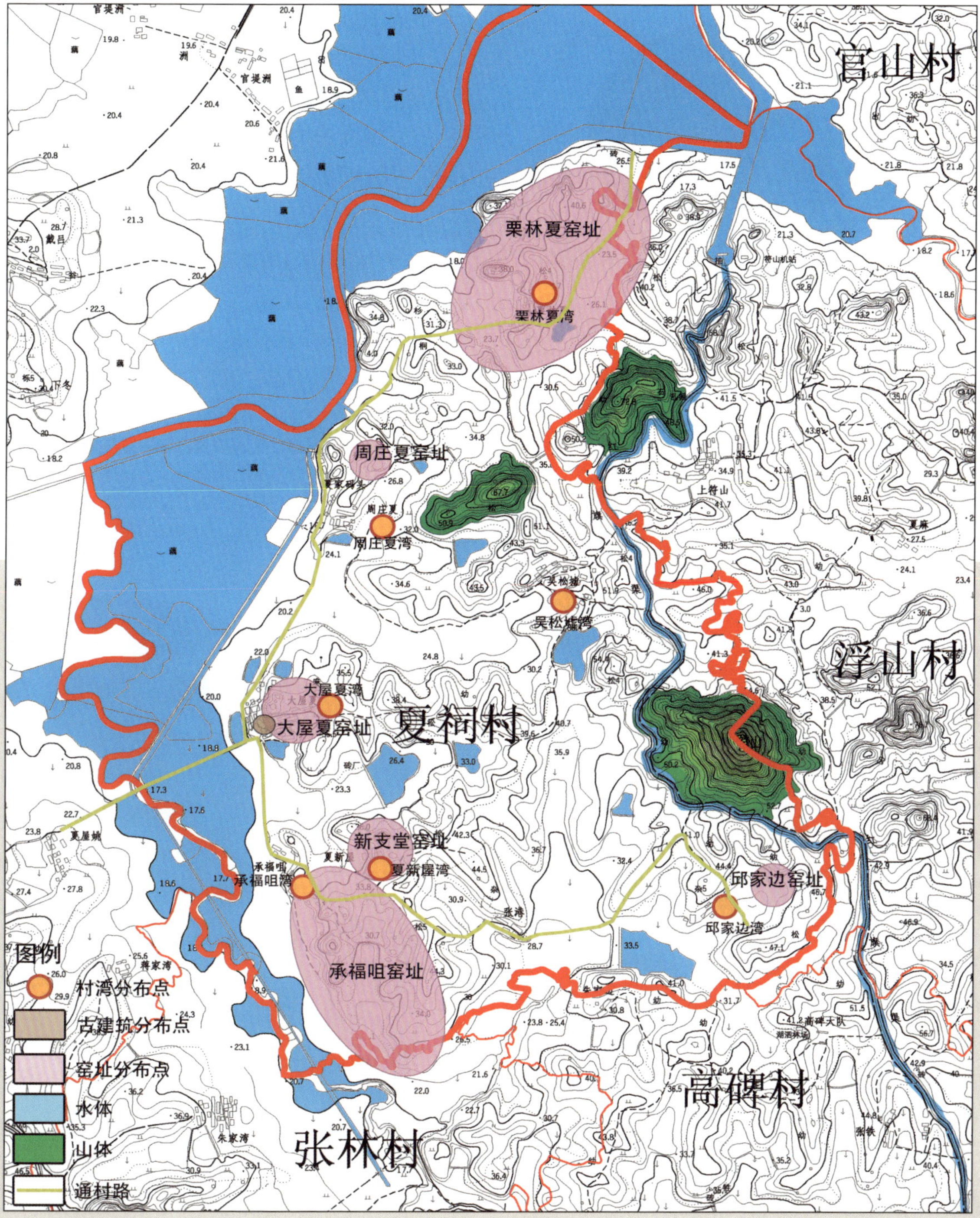

村湾与历史资源空间关系图

古窑址瓷器残片

址均系长条形龙窑，窑堆高约 5~7 米，窑堆上发现大量窑具堆积及青白瓷器残片等遗物。

2）周庄夏湾百年老屋

夏祠村的传统建筑主要分布在周庄夏湾。周庄夏湾是从晚清时期传承发展至今的单姓家族村湾，村民皆为周氏家族成员。周庄夏湾百年老屋建筑面积 560 平方米，建成于民国初期，整栋建筑坐北朝南，硬山墙，内有天井，采用四水归堂的瓦顶坡面，三合院式的建筑布局。目前老屋已荒废，无人居住。

周庄夏湾百年老屋

勤劳村

（1）概况

勤劳村位于江夏区乌龙泉街道东北部，东、北临梁子湖，村域面积 5.9 平方千米，共有 236 户，人口 1023 人。勤劳村由 8 个自然湾组成，村内现存 1 处区级文物保护单位，即月塘民居，位于上李谱湾。村湾内集中分布数栋源于清代、民国

勤劳村民居

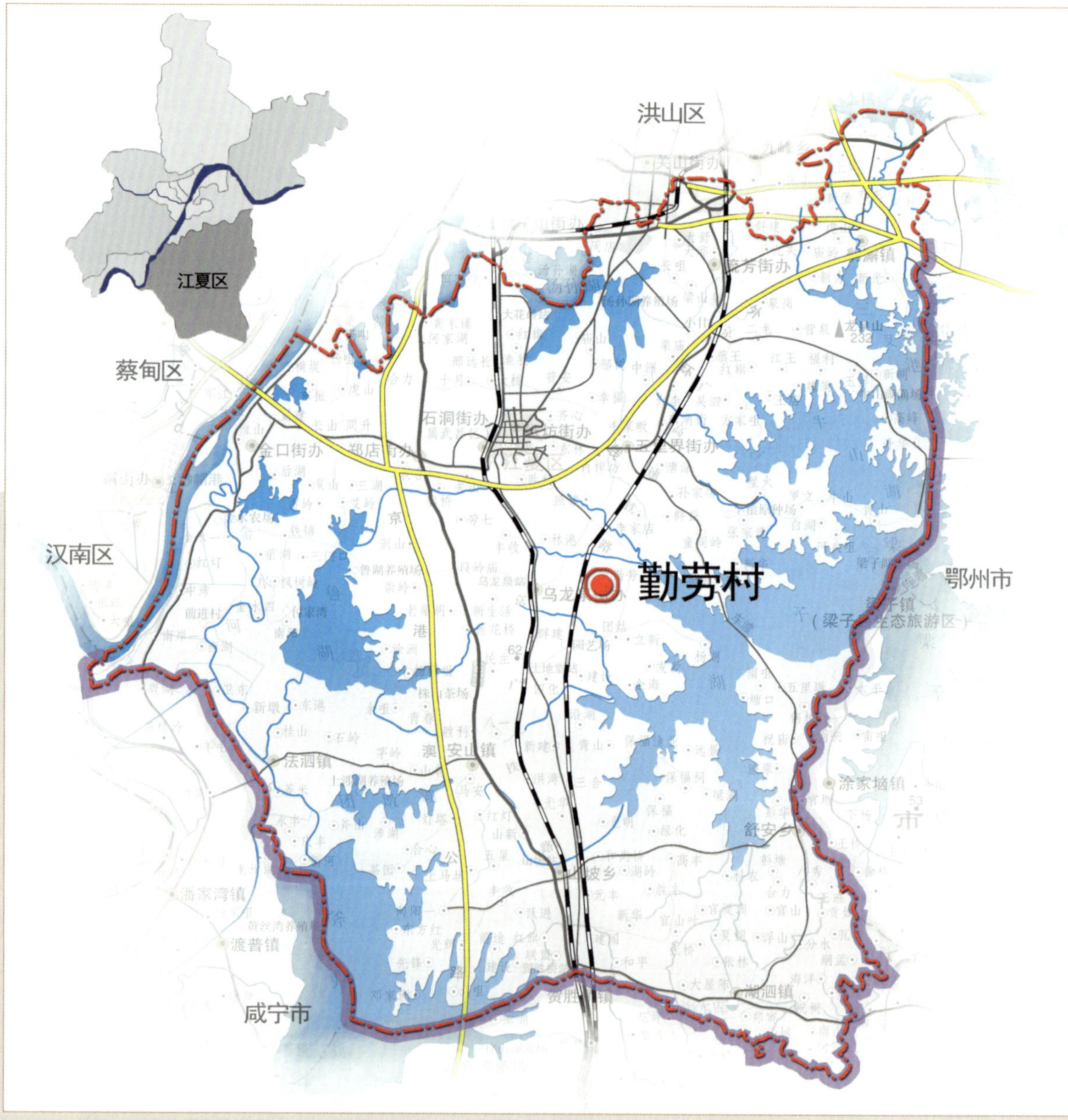
江夏区
洪山区
蔡甸区
汉南区
鄂州市
咸宁市
勤劳村
金口街办
郑店街办
石洞街办
纸坊街办
五里界街办
流芳街办
乌龙泉街办
安山镇
法泗镇
舒安乡
山坡乡
贺胜镇
湖泗镇
涂家垴镇
梁子湖生态旅游区
潘家湾镇
渡普镇

时期的月塘民居，若干栋建筑的柱础、檐顶、门框等建筑形制和风格保存较为完整，单体建筑具备一定的保护价值。但古建筑群整体格局正在遭受严重破坏，原有青石板道路被新修的水泥路覆盖，湾前月塘被填平，古祠堂被翻新重建，大部分古民居因年久失修破败或垮塌，部分古砖已被村民当作附属建筑的建筑材料使用等，历史保护工作已迫在眉睫。

（2）历史沿革

勤劳村上李谱湾背山临田，是从晚清时期传承发展至今的单姓家族村湾，村民皆为李氏家族成员。“月塘民居”因村湾西边的月塘而得名，其建筑风格属于典型的江夏民居。按地域分类，江夏民居属江南民居的一个分支，建筑自古兼容安徽、江西、湖南等地移民所带来的不同风格，又因时代特征和地方传统而自成一格。

江夏自古“九分商贾一分民”，以经商居多，商民又多从周边地方迁移而来，但因从商后文化底蕴不足，虽移植了故土的建筑风格，但仅限于主要建筑结构和框架，后逐渐受江夏本土建筑特色的影响，最终形成了如今自成体系的江夏民居。江夏民居除了粉墙黛瓦、木构框架、彩绘门楣、石库大门这些直观印象外，最典型和突出的特点是硬山墙（马头墙或风火墙）的外墙结构。20 世纪 50 年代，著名建筑大师梁思成先生曾特别推崇和提倡湖北民居中的“硬山墙”结构，称其“不仅可以防风、防火、防盗，而且可以有效地解决城市建筑的容量问题，使城市房屋可以比较安全地密集”。

（3）空间格局

勤劳村紧邻梁子湖，北部约 1.5 千米有灵山，村庄依山傍水，自然环境优美。上李谱湾内的民居建筑大多沿着山坡而建，布局前低后高，既避免了梁子湖冬日的寒风，又易组织排涝。建筑坐东朝西，村湾周边沿山坡分布着村民日常耕作的农田，具有自然、朴素的田园风味。上李谱湾内保存有 15 栋晚清、民国时期的古建筑，其中未垮塌、相对保存较好的有 10 栋，损坏严重的有 5 栋。月塘民居原建筑位于村湾西北部，为上、下两幢，屋内木柱雕有花纹图案，巷道、石板路、阴沟（即排水沟）等均用青石板砌筑，湾前的月塘碧水映人，此民居及附属建筑约占地 1500 平方米，已遭到不同程度的损毁与改造。

（4）历史文化资源特色

月塘民居保留了300多年的历史记忆，修建于康熙年间的石桥、石路依然在造福于民，村边的老井，村前的月塘，“青莲世第”牌匾等彰显着历史的特色。

1）月塘民居

月塘民居建筑的主要特点是青砖墙衬托灰黑色瓦的土瓦屋面，大小基本为“连三间”的形式。“连三间”住宅旧时在湖北平原农村较为常见，它采取的是进门中间为堂屋，左右各一间卧室的三间一栋式的格局。由于过去农村家庭人口多，几代同堂共处一室等因素，有的屋内每一间又都隔成了上下两小间。而这种正中的堂屋后是伙房，左右两间隔成四间卧室的式样，俗称“明三暗六”。

月塘民居（已拆除）

月塘民居大门小而厚实，且左右对称竖立，进门有踏步，两旁有门墩，门上有门榜，跨门有门坎，双开门，扣门有门钹，关门有门栓，锁门有门款。门榜在武汉不多见，它多选用与自家姓氏相关的成语或人尽皆知的典故而成为一种姓氏与家族的标志。村湾内一处历史建筑的大门上刻着“青莲世第”的门榜。另外，多数民居设有侧门，多为单门，比大门矮小，样式简单。建筑墙体多为青砖墙，部分建筑为硬山墙，部分为悬山，其中一些建筑墙上设置有通风口。民居的外墙窗户尺寸一般不大，约60厘米×80厘米，部分有雕花窗楣。建筑均采用灰黑色土瓦做屋面，檐下有立体装饰。建筑屋内的木柱雕有花纹图案。

汉白玉雕花

月塘边残存的望柱及栏板石，加工工艺精巧，布局协调，个别石柱上鸟兽花纹尚存。汉白玉雕琢而成的栏杆上，是能工巧匠雕刻的暗示祝福的八仙器物图案。一头一尾的栏柱上，是寄托李姓吉祥的白象石雕。据说早年有狮子等雕刻，后来均被破坏了。

53

2）月塘

由于村中某些区域不靠近溪流，村民便引水或挖塘，这固然是为了日常饮用、洗涤、灌溉之用，但也暗合了风水“塘之蓄水，足以荫地脉，养其气”之说。池塘并不是能随便挖的，因为对于它的形状和离住宅的距离，风水中有规定：不能上小下大如漏斗状；不能小塘连串如锁脸状；不能开凿成方形，因为有“血盆照镜”之凶；不能开挖成满月形，因为月圆则亏。所以村中的池塘，大多为弯月形，如上李谱湾的这口池塘，取之曰“月塘”，讲究的是“花未开，月未圆”的美好意境。每逢雨季，雨水沿着建筑周围的暗道通过四个出水口流入月塘，在月塘里汇集储存。待到干旱时，再流向月塘外的稻田，滋润一方水土。但由于年久失修无人清理，月塘早已是杂草丛生，四下荒芜。

月 塘

3）风土民情

勤劳村因紧邻梁子湖而被称为“湖边人家”，村民常做鱼虾鲊酱，平时家中常备咸鱼、腊肉、烘鸡、板鸭、香肠等，客来不需上街，人称“方便之家”。年饭及其他大日子一般要用“三全、三丸”，即全鸡、全鱼、全鸭，鱼丸、肉丸、豆腐丸或藕丸。传统调味佳肴有小麦子酱、大豆油坯等。

村子里几乎家家户户的窗栏上都贴有一张半尺长、一指宽的红纸，上面书写着“姜太公在此”几个字，这是村民采用厌胜辟邪、驱邪纳福的一种做法。每逢年节，为防止鬼怪邪秽潜入自家，搅浑了家中的福气、财气，村民用贴挂字符的方法，将百无禁忌的“姜子牙”挂于窗前，认为有他在此庇护，能保家人逢凶化吉。另一方面，姜太公是酉时落生，爹娘给他取名“酉”以为纪念，而“酉”字又与“有”同音，所以家家户户贴“姜太公”，以祈福不受穷。

新洲区
Xinzhou Qu

仓埠古镇

（1）概况

仓埠街道位于新洲区西北部，东抵倒水河，西滨武湖与黄陂交界，北与红安接壤，南与阳逻开发区毗邻，全境南北长约 6 千米，东西宽 3.5 千米，镇域面积 170 平方千米，人口 9.14 万人。仓埠距武汉市区 20 余千米，距天河机场和阳逻深水港仅 30 分钟路程，是阳逻新城"一城四街"的重要组成部分。武汉外环和武英高速经过仓埠腹地，318 国道横跨东西，109 省道贯穿南北，区位交通条件优越。

徐源泉公馆

仓埠古镇位于仓埠街道中部偏西，面积约 26.74 公顷，自古以来是商贾云集之地，人杰地灵。正源中学饱含着丰厚的文化底蕴；徐源泉公馆展示了丰富的人文色彩；报恩寺旧址、报祖寺等是著名的佛教圣地，多元文化交融并蓄，形成了仓埠极富地域特色的文化形态。

（2）历史沿革

仓埠是新洲区三个老建制镇之一，历史悠久，地理条件优越。仓埠在西汉时期为西陵县中部湖滨鱼米圩市，有“商肆十数家”，称骑龙镇。西南有片 67.9 平方公里的水面，东汉江夏太守黄祖曾率兵驻湖操练，故名武湖，又名黄汉湖。唐代中期，随着农业、手工业和交通事业的发展，手工艺人来此聚居营生，骑龙镇交易渐趋兴盛，小街小巷逐步成形，更名中和镇。仓者，仓库也，埠者，码头也，明洪武元年（1368 年），朝廷利用武湖漕运，在此建储粮仓库，辟埠头，改中和镇为“仓子埠”。清顺治三年（1646 年），仓子埠绅商为防起义军骚扰，在土城外脚改建木制城墙，称寨，并购进约 1250 立方米湖南麻石，铺设正街与横街街面，方便车马通行。是时仓埠市井繁华，已成黄冈县四大重镇之一。同治六年（1867 年），仓子埠绅士段福堂与各大商户募资修建城墙，古城面积约 0.7 平方千米，有“固若金汤”之誉。

民国时期，下正街先后修建陶公馆、徐公馆、林公馆，全镇商户发展到 320 余家，有名头的“三典”“五记”“八大家”雄踞正街。诸如杂货巨头德丰厚、布号首富怡和、土布大亨宏道远、永兴隆等，以及榨坊、槽坊、磨坊、糖坊、炒坊、豆腐坊、竹木作坊等遍布小街小巷。南来北往的豪商巨贾云集，日吞吐货物 200 余吨，因而镇内新增一条饭店街。1930 年，国民党陆军上将徐源泉在家乡开办了“仓汉轮船局”，经营仓（仓子埠）一汉（汉口）航运，从此水陆交通两便，船帮车帮纷至沓来，车水马龙，熙熙攘攘，时人称之为“小汉口”。1965 年，武湖围垦，通向长江的黄金水道堵塞，仓埠逐渐走向衰落。

（3）空间格局

仓埠背靠武湖之滨，扼守倒水河入阳逻出江口，历来是兵家必争之地，是明代的粮仓，也是重要的漕运埠头，民国时期商贸的繁荣更是促进了古镇的建设发展。“一部民国史，半数仓埠人”，仓埠古镇较好地保存了民国时期的历史街巷格局和空间肌理，尺度宜人。古镇的传统风貌街区主要位于镇区中部，北至骑云街，

黄冈市
新洲区
仓埠街道
凤凰镇
徐古镇
李集街办
汪集街办
辛冲镇
阳逻街办
双柳街办
涨渡湖
白玉山街办
团风镇
杜皮乡
黄冈市
洪山区

南至开源路，东至武滨路，西至正源街，并包含正源街沿线两侧建筑。该区域道路网络清晰，层次分明，走向较为自由。正源街、骑云街、骑龙路、武滨路、开源街、东兴后街、幸福路等传统街巷呈不规则格网状，空间肌理相对周边新城区较为细密。街巷串联起徐源泉公馆、正源中学旧址、古城墙、仓汉码头、萧耀南公馆等历史建构筑物，形成具有古镇传统特色的空间格局。

（4）历史文化资源特色

目前仓埠镇范围内历史文化资源丰富，包括省级文物保护单位 1 处，即徐源泉公馆；市级文保单位 4 处，即正源中学旧址、伍峰岗渡槽、肉五桥和六斗丘遗址；不可移动文物 8 处，即夏安全旧居、萧耀南旧居、救命桥、平安桥、林家大湾反抗侵华日军暴行纪念碑、段岗墓群、冯集墓群、松林湾墓群。此外，还有古城墙、古树名木等历史环境要素。

1）徐源泉公馆

徐源泉公馆坐落于仓埠街道南正街新洲二中校内。徐源泉（1886—1960 年），字克诚，湖北新洲人，曾任国民党中央执行委员、第二十六集团军总司令（陆军上将），于 1931 年在家乡仓埠修建公馆。公馆由门楼、卫兵室、主楼、退园等建筑组成文物建筑群，占地面积 4230 平方米。门楼面宽 5.88 米，高 10.4 米。主楼面宽 14.4 米，进深 39.36 米，层高 11.9 米。主楼坐东朝西，为一栋二进两层连四间

退 园

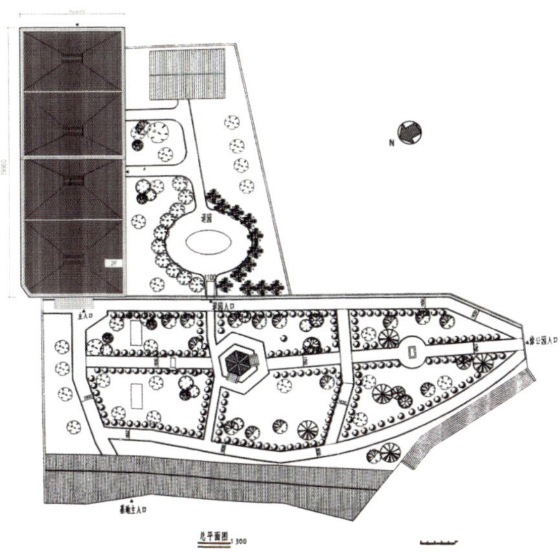

徐源泉公馆平面图

带天井的串楼建筑，砖木结构，硬山灰瓦顶，穿斗式木构架，天斗式天井，占地面积560平方米。解放前为徐家私邸，并利用公馆开创“正源中学”。解放后被定为公产，交由教育部门使用，更名为“湖北新洲二中”，曾作教工宿舍，现为该校校史陈列场馆。公馆组群建筑在布局上，因地制宜，颇有特色，在建筑构造工艺、风格上，中西结合，精巧别致，极富特色。

进口彩色玻璃

其外部门额、倚柱、槛窗等水泥雕饰，具有西式建筑风格；内部隔扇、看梁、撑拱、栏杆等处木质浮雕及镂空雕之鸟兽、花卉、人物故事图案，布局精妙，富丽堂皇，造形生动，千姿百态，具有中国传统建筑艺术风格，是整个公馆建筑艺术精华之所在。退园位于主楼左侧，正面圆门，进内为假山石、树木花草等园林景观，布局合理，环境雅观。整体建筑为中西合璧式，艺术风格独特，设计布局精妙，用材精良，工艺考究，2014年6月，公馆被公布为湖北省文物保护单位。

两层串楼

在清澄

閬苑春濃

正源中学旧址

2）正源中学旧址

仓埠文风昌盛，素有“新洲文化镇”之称。1931 年，由徐源泉创办的正源中学是国民政府教育部的注册中学，1950 年改为仓埠中学。同年 8 月，湖北省革命大学在此设立仓埠分校。1956 年，湖北省教育厅在此设湖北省新洲二中，1961 年改作新洲二中图书馆，1992 年图书馆新迁，改作教工宿舍。

正源中学旧址位于新洲二中校园内东南角操场边，该教学楼为砖木结构，东西向，楼长 50 米，宽 10.8 米，高 12.8 米，分上下两层，木楼板，两端有楼梯入口，水泥踏步，木扶手，主楼中间有一门楼，向外伸约 3.5 米，宽约 4.4 米，高约 11 米，上部有“图书馆”三字，该楼南北屋顶为悬山顶，中部为东西分水式，屋面全部盖有大红瓦，另在教学楼前面 30 米处还有一栋同时期修建的办公楼，其结构基本一样，两栋楼外墙红砖有脱落现象，木楼板部分腐烂，但整体状况保存较好。

3）伍峰岗渡槽

伍峰岗渡槽

伍峰岗渡槽位于仓埠街道伍峰岗村伍峰岗湾西 50 米。1960 年奠基，1961 年动工修建，1969 年竣工，水泥钢筋结构。渡槽由北向南横跨，全长 2420 米（含南北起止点渠坝接口共 2500 米），占地面积 9680 平方米。渡槽共 237 节，每节长 10 或 15 米，槽宽 3 米，槽高 2.3 米，槽深 1.95 米至 2.1 米。渡槽为 20 世纪 60 年代湖北省境内修建最早、规模最大、线路最长、使用民工最多的水利工程设施。至 2004 年停止使用，现整体形制和结构均保存完整。

4）古城垣

明洪武元年（公元 1368 年），仓埠筑土围城。清顺治四年（1647 年）又在土城外建木栅城寨。清同治七年（1868 年），绅商募资修成石头城墙。石城围长九百五十丈，高一丈五尺，顶宽一丈，城顶加修雉堞、城垛，城外五丈掘护城壕，城周设崎云、宗海、武溪、通元、挹翠、拱辰六座石拱城门，时称“固若金汤”。现存城墙位于新洲二中内，为宗海至武溪段之城段，是目前古城唯一保存下来的城墙。

古城垣

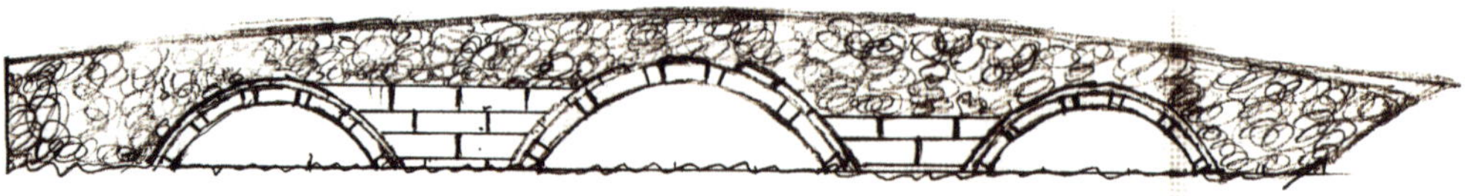

5）古桥

肉五桥

除历史建筑物外，仓埠镇域内还存有三座清代的古桥：肉五桥、救命桥、平安桥。其中，平安桥因开发建设工业园区被损毁，肉五桥、救命桥尚保存完好。肉五桥为三跨石拱桥，红砂石条砌筑，桥中拱石上刻铭文："聖清光绪二十年歳次甲午季冬月良旦沈氏□甲暨家族鍾。"救命桥为单跨石拱桥，红砂石条砌筑，桥北面石拱上雕刻"如意寿带"纹饰图案，南拱上雕刻"回首龙"图案。

6）名人文化

仓埠地灵人杰，民国以来，光绪进士，曾经拥护袁世凯称帝，任黎元洪总统府秘书长，文官惩戒委员长，湖北省省长的夏寿康；创办私立郑源中学的国民党第二十六集团军总司令陆军上将徐源泉；抗日战争中以身殉国的国军少将副师长林英灿；参加重庆号巡洋舰起义的国民党海军少将万倚吾；与阮玲玉齐名的20世纪30年代上海滩八大女星之一的叶秋心；楚剧一代琴师严少臣；在"二七"大罢工中拉响第一声汽笛的黄正兴；抗战时期义救美国援华飞行员瓦特克拉培的柳文礼；还有萧耀南、万耀煌、陶希圣等国民党军政大员也都出生于老仓埠区。现任中国佛教协会常务理事、广东佛教协会副会长的本焕大师，是早年仓埠报恩寺的四代弟子。"一门两主事，五里三解元"的典故也是出自仓埠，安详禅创始人、天津籍耕云先生曾经就读于正源中学。

孔子河村

（1）概况

孔子河村位于新洲区东部的旧街街道，与黄冈接壤，村域面积 79.8 公顷。村内现存 1 处省级文物保护单位，即问津书院及其附属文物孔叹桥与“孔子坐石”摩崖石刻。问津书院坐落于孔子河畔，其前身乃孔庙。书院始建于西汉年间，距今已有两千多年的历史，是孕育元、明、清三朝鄂东文人的摇篮，被称为中国最古老的“大学”。在历史上曾与岳麓书院、东林书院、白鹿洞书院等齐名，自宋

问津书院

黄冈市
铁门岗乡
八里湾镇
岐亭镇
新洲区
夫子河镇
徐古镇
凤凰镇
二店街办
李集街办
六指街办
仓埠街办
孔子河村
旧街街办
杜皮乡
辛冲镇
汪集街办
黄冈市
林山河镇
余集林场
方高坪镇
阳逻街办
涨渡湖
团风镇
回龙山镇
建设乡
武钢北湖农场
龙王咀农场
白玉山街办
洪山区
双柳街办
华容镇
花山镇
葛化街办
左岭镇

至清，书院共产生进士387名，因其在我国教育史、文化学术史上的重大影响而被载入《中国书院志》。问津书院位于大别山南麓脚下，风景秀丽，人杰地灵，是湖北省唯一的孔子遗迹，也是武汉市乃至湖北省境内保存得最完好的古代书院之一。

（2）历史沿革

问津书院原名孔庙、文宣庙，坐落于孔子河村孔子山南麓。据明清时的文献、史志、碑刻记载，“孔子山、孔子河在黄冈东一百二十里，相传孔子自陈蔡适楚，至此问津”。公元前164年，孔子山附近掘出一块刻有“孔子使子路问津处”八个大字的石碑，淮南王刘安为记此事，遂命在掘碑地建亭立碑，修建孔庙，供士人、百姓瞻仰祭祀。唐武宗会昌二年至四年（公元842—844年），时任黄州刺史、著名诗人杜牧扩建孔子庙，取唐玄宗封孔子“大成至圣文宣王”之意，更名为“文宣庙”，并在此开坛讲学。南宋荆湖制置使孟珙增修孔子庙，大思想家、理学之集大成者朱熹来此讲学。宋末元初，一代名儒龙仁夫归隐在此，设立书院，邀硕学鸿儒登坛授业。明万历年间湖广巡抚熊尚文取“孔子使子路问津”之意，给孔庙书院命名“问津书院”，从此，孔庙与庙学合为一体，并以“问津书院”之名传世。

问津书院历经两千余年沧桑，屡毁屡建。历史上，问津书院最后一次大修是民国二年至四年（1913—1915年），各方捐款，对问津书院进行了一次全面改建，改建讲堂为西式两层楼房，并请书法名家张翼轸榜书“问津书院”石匾嵌于书院仪门之上。“文革”期间，问津书院损毁破坏极其严重，典籍礼器散失，甚至连殿阁内部某些结构要件亦荡然无存。后因年久失修，仅存残破的大成殿、讲堂、门楼，成为历史遗址。

2012年，新洲区实施问津书院百年大修工程。省、市、区三级共投资4000余万元，参照清末《问津书院》新庙图总体空间布局，按照修旧如修、保持原规制的法则，进行修缮保护。历时3年，大修完成。重新面世的问津书院，成为一座占地6000多平米、三高六矮十三幢五十余间的宫殿式建筑群。

（3）空间格局

问津书院背靠孔子山，面向孔子河。孔子山为大别山南麓余脉，约高千尺，因孔子登临而得名。山形如椅，峰峦端正，前开两翼，左舒右缩，怀拥问津书院。古时山上古松林立，郁郁葱葱；四周群山起伏，曲径盘桓，山高林密，绝景天成。

孔子河发源于孔子山东南的五云山。

问津书院依山傍水，坐北面南，周边的自然环境良好，前有清溪盘纡，后有碧嶂环抱；左方是山脉纵横的高山，右边是村田相间的原野。远观鳞次栉比，气势恢宏；近视门庭壮阔，富丽堂皇。整个村庄与黄冈附近的寺庙建筑和传统民居相得益彰。2014 年 12 月 12 日，完成百年大修后的问津书院，院前建有问津广场，书院为清时旧貌，建筑布局为轴对称式，中轴线上为主体建筑，分列上、中、下三幢，自前而后，依次为仪门、讲堂、大成殿；左右两旁为东西二庑（配殿）；二庑之外，另建魁星楼、文昌阁等楼、阁、斋数栋。

（4）历史文化资源特色

因对孔子的尊崇，问津书院受到历代文人的推崇。唐代大诗人杜牧、宋代理学家朱熹、元代大儒龙仁夫、明代哲学家王阳明、清代名臣于成龙、洋务派代表人物张之洞等大批名儒名宦先后来此讲学布道，推动了以孔子为代表的儒学文化在湖广地区特别是鄂东地区的广泛传播，问津书院由此成为湖北学脉的源头之一。

1）问津书院

问津书院（大修前）

新中国成立后为办学使用，20 世纪 80 年代初收回文物部门管理，现为湖北省文物保护单位。问津书院由大成殿、讲堂、左右偏殿等建筑组成文物建筑群，呈两进四合院布局，坐北朝南，占地面积 4370 平方米。大成殿面阔五间 24.5 米，进深四间 12.2 米，单檐硬山灰瓦顶，穿斗式构架，前檐设轩顶，内外 18 根石柱；讲堂为硬山顶、二层中西结合式建筑，面阔三间 14.5 米，进深三间 14.2 米；左右配殿均面阔九间 32 米，进深一间 7.2 米，单檐硬山灰瓦顶，抬梁式构架。大成殿外两边檐廊内壁嵌重修讲堂捐资碑 8 通。周边遗存“孔叹桥”、“坐石”刻石、“孔子使子路问津处”石碑等附属文物。

“孔子使子路问津处”石碑

2）孔叹桥

孔叹桥坐落于问津书院门前右边半里许孔子河上，磊石跨津南北，宛如虹流紫电，龙堰苍波。古称书院“水关”。该桥四墩三孔，全长23米，桥墩为棱形，桥墩高2.5米，桥面宽2.3米，用15根长约8米、宽0.5米、厚0.4米的大青石板分三组相接并列平铺而成。相传孔子到此问津无果，涉水时书又遭水淹湿，孔子望水兴叹。后人建桥纪之，名曰“孔叹桥”。此桥建于明万历三十年（1602年），后因河床淤塞，清咸丰元年（1851年）重修。

孔叹桥

3）“孔子坐石”摩崖石刻

根据《明·一统志》记载，“黄州城东一百里，相传孔子自卫适楚当登山上，有坐石草木不侵”。“孔子坐石”摩崖石刻坐落于孔子河北岸水边，问津书院前方数十米。相传孔子弟子们晒书时，好坐在这块石头上休息。后又传孔子在此地讲学时，每天傍晚他爱坐在这块石头上濯足。该石宽约二丈，四周草木不侵，光滑如镜，遇水相激发出“铮铮”的响声。石头侧边刻有“坐石”二字，魏碑书体，字约30公分大小，阴刻而成，苍劲古朴，尤其是“坐”字，将两个“人”字刻成“口”，使其更显端庄。史载“坐石”二字为汉唐时留下来的旧物，基本保存完好，是新洲现存最早的摩崖石刻。

“孔子坐石”摩崖石刻

石骨山村

石屋

（1）概况

石骨山村位于新洲区凤凰镇西南部，西临李集街道，村域面积 1.9 平方公里，共有 267 户，1046 人。村内共有六个自然湾，中心村为市级文物保护单位“石骨山人民公社旧址”所在地，始建于 20 世纪 70 年代“农业学大寨”时期，占地面积约 16 公顷，是湖北地区保存最完整、规模最大的公社“新村”。村内最具代表性的历史遗存是公社的石屋民居建筑群。大部分石屋的外观基本保存完好，较好地反映了时代文化特征，整体特色鲜明。

黄冈市
铁门岗乡
八里湾镇
岐亭镇
新洲区
太平桥
凤凰镇
石骨山村
徐古镇
夫子河镇
六指街办
李集街办
仓埠街办
汪集街办
辛冲镇
杜皮乡
黄冈市
林山河镇
万高坪镇
建设乡
张渡湖
团风镇
回龙山镇
白玉山街办
洪山区
双柳街办

石骨山村整体格局鸟瞰

（2）历史沿革

石骨山村经历了从黄州府—黄冈市新洲县—武汉市新洲县—武汉市新洲区的建制变迁。1950 年以前，石骨山村所在区域为黄州府地界，俗称“凤凰岗”，1951 年成立新洲县民主乡；1958 年人民公社兴起，石骨山村区域成立凤凰民主公社四大队，于 1973 年起开展“农业学大寨”活动，修建了一个全新的集体村庄，正式命名为“石骨山村”；1980 年后陆续在原有自然湾基础上建设杨西冲、江家湾等五个其他自然湾；1983 年，新洲县划定为武汉市新洲区，石骨山村正式成为武汉市城郊的一个行政村。

“农业学大寨”之前的石骨山村，并没有行政村的概念，主要由肖家田、江家湾、杨西冲、蔡家凹、左家田、左田岗六个自然湾组成。江家湾以江姓为主，源于江西江万里宗族，明初“江西填湖广”年间，因战乱从江西迁徙而来，原始的江家湾早已在“农业学大寨”运动中被拆除，如今现存的为 20 世纪 80 年代后江氏原住民重建的村湾；左家田和左田岗，是基于村庄主要道路沿线的集市而逐渐发展起来的村湾，村民多为外地迁徙而来，因此姓氏较杂。

如今我们所见到的石骨山村，是全国“农业学大寨”时期起重新兴建的村庄。1974 年，民主公社四大队平山 12 座，岗上造平原，兴建石骨山人民公社，拆除原有六个村湾，在原肖家田的区位创造集体所有制新村，并正式命名为“石骨山村”。村内学校、卫生室、供销社、厕所、会台、游泳池、花坛等设施一应俱全。

（3）空间格局

20 世纪 70 年代，受“农业学大寨”运动影响，石骨山村所在区域大兴水利、平山造良田，成立石骨山人民公社，石骨山村更是从原生散布的自然村湾，建设为集中居住、设施共享的集中型公社“新村”。20 世纪 80 年代“农业学大寨”运动结束，同时土地改革，实行农田责任制，由于集中居住地与自家承包农田的距离问题，村民自发性地陆续迁回原村湾所在地，重建新居，这一过程奠定了今天石骨山村的村落空间形态。

石骨山村整体呈“南低北高，前塘后丘，两水合抱，渠绕田围，中心齐整，村湾串联”的空间形态，自然山水与村落格局相对完整。村域内拥有丰富的“山水渠田”景观资源。村庄地处丘陵地带，多山少水少田，因此在北部和南部分别

凤尾湖

开挖了两个人工水库。其中，北部毛家冲水库（又名凤尾湖）水域面积约 28 公顷，南部石板冲水库水域面积约 9 公顷。除水库外，浮尾渠从村中蜿蜒而过，村内星罗密布 50 余处水塘，以及 350 亩岗上良田，村塘相依，景色宜人。

石骨山村落分布“中心齐整，村湾串联”。因历史原因，石骨山村经历了“分一合一分”的村落形态发展历程，从原生自然村湾向公社集体新村聚集，又由于土地改革重新回到了自主分散村湾，因而形成了各村湾分散布局，中心村集中齐整、中轴对称的行列式布局形式。目前，中轴线内已有部分新建建筑，对原有的中轴开敞景观造成了破坏。

（4）历史文化资源特色

石骨山人民公社办公楼位于石屋民居建筑群北端，左田岗岗顶上，建于 20 世纪 70 年代初“农业学大寨”时期。办公楼（含礼堂）坐西朝东，砖混结构，面宽 18.5 米，进深 38.8 米（前办公楼进深 7 米，后礼堂进深 31.8 米），始建占地面积 717.8 平方米。前为两层砖混结构楼房，始建时至80年代初为“凤凰石骨山人民公社办公楼”，其后改作石骨山村村部，现为该村村民养鸽子之用。楼顶平台四周水泥栏杆被毁坏，部分窗扇缺失；礼堂屋面桁桷腐烂垮塌，多处渗漏；正面二楼上方“人民公社好”五个水泥堆塑字完整无缺，整体结构保存较好，是武汉市现存较为完整的“人民公社”旧址之一。

公社大礼堂

石屋民居建筑群石屋民居与办公楼同时修建，是当时全国“农业学大寨”的新农村典型。石屋均由石料砌筑而成，整体坐北朝南，依山而建，北高南低，东西整排布局，东面共建一列 13 排，西面两列 13 排，每排长约 50 米，按每户人口分配居住，总占地面积 63500 平方米，拥有完整的配套设施。包括活动广场、礼堂、戏台、游泳池、供销社、厕所等。在当时来看，规模空前。石屋民居现被拆毁后重建民宅现象较严重，

石屋民居

中间会台、游泳池、花坛等附属设施均已被拆毁，其场地被新建民宅。

此外，石骨山村域内与公社民居同期的历史环境要素还包括：浮尾渠水阀1处，浮尾渠石桥3处，石岸约1600米，标语墙21处，石板路、石阶13处，戏台遗址1处，游泳池、门口塘2处，石桌、石杵、石磨等数处。这些历史环境要素现在大多保存较为完好。

石屋民居

陈 田 村

围绕池塘而建的民居建筑

（1）概况

陈田村位于新洲区北部的凤凰镇北端，与红安、麻城接壤，村域面积 4.3 平方千米，共有 320 户，户籍人口约 1190 人，常住人口仅 400 人左右。村内共有九个自然湾，依据丘陵地势形成星点的分布格局，并由村政府所在地骆家堰向外分散排布。村湾内居住建筑分布集中，体现了明显的聚落特征。村内有一条小河，称作骆河堰，由西至北流经全村，各村湾均分布着池塘。村委会及商店等公共服务设施主要分布于村中心的细流湾。

黄冈市
新洲区
陈田村
李集街办
城街办
仓埠街办
汪集街办
辛冲镇
阳街街办
徐古镇
涨渡湖
洪山区
双柳街办
黄冈市
白玉山街办
团风镇
方高坪镇
杜皮乡
夫子河镇
岐亭镇
八里湾镇
淋山河镇
回龙山镇

陈田村村落全景航拍图

（2）历史沿革

陈田村的历史文化资源主要分布在陈家田湾、郭希秀湾、肖家田湾三个自然湾。

陈家田湾因陈姓族人而得名，后曹姓人氏从曹家院子搬迁到陈家田，原陈姓人搬出，此后陈家田湾人都姓曹，并在土地改革时期对村湾内的大多数房屋进行了翻修。

郭希秀湾始建于明朝洪武年间，村民因战乱从江西搬迁而来。郭希秀村氏族祖先名为郭希秀，后村名取为“郭希秀”。村内所有人家均为郭姓氏族。郭希秀地处风水宝地，被称为“卧龙之地”或“软椅地”。村湾东西北三面环山，东南方向有一山寨名为“关圣寨”，山上风景优美，相传曾经可几人环抱的大树漫山遍野，1958 年大炼钢铁时期全部被伐。相传村湾内在石板路之下建有一米多高的排水沟，可以走人，战争时期起到不小的作用，但现在已经被填埋。

肖家田湾始建于明朝洪武年间，相传曾被称为“鸡鸣三县”，为红安、麻城、新洲三县交界之地，后来红安县人全部搬走，剩下麻城、新洲两个县共存于一个村，村内共有“肖”“刘”“郭”三大姓。肖家田湾是“黄麻”苏区的一部分，是徐向前领导的红四方面军和红一军、红二十五军、红二十八军的革命根据地之一。1927 年 11 月，黄麻起义爆发，起义队伍经常在肖家田驻扎，目前村湾内仍保留有肖家田红军活动旧址，以及当年红军集结队伍的“红军树”，树干上依稀可见当年打仗留下的弹痕。由于地处偏僻而又坚持武装斗争，以陈田为中心的地跨新、红、麻三县的小块革命根据地光荣地成为鄂豫皖根据地和游击区的重要组成部分。

（3）空间格局

陈田村沿着北边的山势发展，形成北边靠山、南边临水的负阴抱阳的传统村落格局。村内街巷或平行或垂直于山势发展，巷道较为狭窄，在炎热的夏季十分凉快。陈田村除了陈家田湾的传统民居建筑分布集中成片、格局完整外，其他历史遗存相对而言规模较小、分布较分散。

据《曹氏家谱》记载，陈家田湾呈“二龙戏珠”格局，两旁山势为二龙，中间陈家田湾为一珠，风水格局完整。山体、水系保留较为完好，自然景观条件良好。村湾内集中分布了 30 余栋清末民初的石砌民居建筑，传统格局和历史风貌保留较为完整。民居建筑群依山而建，村内石板铺就的巷道蜿蜒，建筑布局自然灵动。村内采用明渠排水，汇集于山下池塘内，池塘水可供全村牲畜用水及人们洗涤之用。

郭希秀湾南面是风水塘，水向为北向，村子位于其中。村口大路为水泥路，

村湾分布情况图

村内巷道是保存较规整的青石板路。郭希秀湾内拥有 3 处区级文保单位：郭希秀湾门楼、郭希秀湾井和郭希秀湾墓群。郭式宗祠始建于明洪武二年，“文革”期间被拆毁，现仅存正面门楼。村内民居建筑格局明显，均为坐北朝南面向风水塘。

肖家田湾内的民居建筑主要围绕风水塘建设，整体格局特色并不突出。村湾内拥有 1 处区级文保单位“肖家田红军活动旧址”和 1 棵古树名木“红军树”。

陈家田湾整体格局鸟瞰

肖家田湾整体格局鸟瞰

青石板石阶

（4）历史文化资源特色

陈田村文化底蕴深厚，文物古迹丰富，保存至今的主要历史文化资源包括传统石砌民居建筑、陈家田 63 号、郭希秀湾门楼、肖家田红军活动旧址、骆河堰 2 号等建筑，以及村内的青石板铺地、石阶、池塘、自然驳岸、古树名木和散落各处的石碾等历史环境要素，还有民俗、传统技艺等非物质文化遗产，充分展现了村落古朴的传统风貌。

水 塔

1）陈家田传统石砌民居建筑

陈家田湾内的传统民居建筑基本建于清末民初，墙体多为石块砌筑而成，部分建筑外观保存

青石板铺地

完好，部分建筑被翻修，还有部分建筑被拆毁只剩下门、墙等构筑物。新建筑与老建筑之间在风格、体量和形式等方面保持了一定的协调性。传统石砌民居建筑中具有代表性的是村内送号人曹金福居住的房屋，建筑为传统石木结构，面积约484平方米。进入大门前有一条巷道，大门朝着巷道敞开，进入院门后有一处小院落，营造出一种舒适温馨的氛围。

建筑损毁后剩下的门、墙等构筑物

陈家田传统石砌民居建筑

陈家田传统石砌民居建筑

2）陈家田 63 号

陈家田 63 号位于陈家田湾风水塘边，占据良好的地理优势。陈家田 63 号建于清朝末年，建筑为两层，约 161 平方米，南北朝向，采用传统的石砌工艺。屋檐下有檐画，尚清晰可见；屋内有天井，并且有四水归堂的性质，是整个陈田村唯一一栋拥有天井及四水归堂的建筑，当年的建筑规格较高。

陈家田 63 号

肖家田民居

3）肖家田红军活动旧址

肖家田红军活动旧址为不可移动文物，位于肖家田湾南边水塘旁，具有典型的当地传统民居风格。旧址坐西朝东，面阔三栋，宽 32 米，进深 12.6 米，前檐高 4.3 米，山尖高 6.1 米，砖木结构，梁架天井，硬山顶式，始建于清末民初，占地面积 378 平方米。旧址四周外整体形制和结构保存较完整，屋内天井、转楼已毁，梁架结构及雕刻部分留存。

肖家田红军活动旧址

郭希秀湾门楼

4）郭希秀湾门楼

郭希秀湾门楼为不可移动文物，位于郭希秀湾，原为郭氏宗祠，现门楼内宗祠建筑均已被拆毁，仅存独立门楼。据郭氏宗谱记载，郭氏宗祠建于明洪武二年（公元1369年），面积约为161平方米，其建筑风格极具徽派艺术，殿内金碧辉煌，花卉、鸟兽、人物故事雕刻堪称一绝。经“文革”期间拆毁，现仅存正面门楼。门楼坐东北朝西南，青石块垒砌，正面宽12.2米，中顶高7.8米，青石条脚基高2米。该门楼为湾内唯一保存的祠堂部分，其形制较为完整。

郭希秀湾古井

5）骆河堰2号

骆河堰2号原为礼堂建筑，建于1970年左右，面积约404平方米。建筑仅一层，利用山上开采的石头砌筑而成，立面对称，采用拱形门，造型独特。

6）郭希秀湾古井

郭希秀湾古井为不可移动文物，位于郭希秀湾西南侧水塘边。据该湾村民介绍，此井系明代修建，古井呈长方形，井口台阶朝东北，青石条垒砌，八级台阶下井；井口（含台阶）全长5.8米，

水面长 2.9 米，井口宽 1.5 米，井口离水面深 1.6 米。全湾祖祖辈辈以此井水生活，一直到 2007 年才停止使用，后为防儿童落井，井口周围以砖石加高，古井台阶被淹没。

7）红军树

红军树

红军树位于肖家田湾，是一棵树龄为 180 余年的古枫香树，已纳入武汉市园林局古树名木档案。它作为一棵历经岁月风霜的古树，既见证了清朝道光以来当地的平凡故事，也见证了大革命时期和第二次国内革命战争时期，发生在这块土地上的轰轰烈烈腥风血雨的故事。因当年中国工农红军曾在这棵树下驻扎、训练、学习、演讲，于是树所在的这方土地上便有一段弥足珍贵的记忆。从那时起，人们便把它称之为“红军树”。

骆河堰 2 号

灵屋

送号人曹金福

8）送号文化

送号文化是陈田村的特色，源于汉民族“取号”的传统文化。所谓送号就是在结婚时让村里最有学问的人写一副对联送给新人，以对联的形式为新人取一个号名，而号名也要与原来的名字意义相同。送号的贺礼钱是村内每户凑一些（一包烟或者十块钱），送号的人在送号时拿一个木圆盘（虽叫圆盘但形状却是方形），把对联放在盘内，点上蜡烛，每户将贺礼钱放在里面。送号的人被称为送号人。陈田村目前还有数位送号人，其中最有名的一位名叫曹金福，住在陈家田湾，虽已70多岁，但身体康健，精神矍铄，是村子里的“文化人”，村中目前为新人送号的都是他。此外，他还有扎灵屋、雕木雕等好手艺。

木雕

黄陂区
Huangpi Qu

双泉村大余湾

（1）概况

大余湾位于黄陂区木兰乡双泉村，南距武汉城区 68 公里，全村有 13 个自然湾，村域面积 74.28 公顷，村民 600 多户，2500 多人。其中，大余湾现有村民 108 户，324 人，并保存有集中成片的明清时期古民居建筑群。2002 年 11 月，大余湾古民居建筑群被公布为湖北省文物保护单位。2005 年 9 月，大余湾被建设部、国家文

大余湾风貌

物局评为中国历史文化名村，也是目前武汉市唯一的历史文化名村。大余湾的保护工作得到了市区政府的高度重视，2009 年 3 月，大余湾中央街建设工程，清水河及塘堰整治工程、村湾部分环境绿化工程完成；2010 年，大余湾第一期工程陆续完成，其中包括湾内中心广场铺设、清水河水系及水坝的梳理及加固、过境道路硬化、阴阳沟修复、商业长廊建设、现代建筑房屋外立面和屋面复古修缮、古街檐口壁画恢复等工程；2011 年 10 月，核心保护区古民居的修缮、挂牌，村湾环境整治工程等基本完成。2012 年 9 月 28 日，大余湾经过五余年的整修、规划，正式开放迎客。

（2）历史沿革

传说唐朝时期，一高僧云游木兰山后，经木兰川，来到大余湾背后一座山头，环顾四周，见群山环抱，茂林修竹，不禁感叹：此乃风水宝地，若建一座庙宇，定香火旺盛。然不胜惋惜：“可惜，如此胜景，但缺甘泉。”无意间双足跺地，竟然有两眼泉水翻卷，清澈甘冽。此后，高僧四处化缘，终于在山上建成双泉寺，双泉村因此而得名。

据《余氏宗谱》记载，大余湾先人系余姓大户，最早是在明朝初年朱元璋诏令赣湖大移民时，于洪武二年（1369 年）从江西婺源、德兴一带迁徙到如今的木兰川，定居木兰川已有 630 余年的历史。余氏一族官绅叠出，历史上曾有“一门三太守，五代四尚书”的荣耀，近现代又有名流一百有余。川北的德兴村之名正是源于江西德兴，川南即大余湾村，其祖先余秀山以“勤俭能创千秋业，耕读尚开富贵花”为家训，开启了大余湾在“龙传龙人人和人上下五千年”大幕下，“石砌石屋屋挨屋绵延六百载”的发展史。

（3）传统格局

大余湾的选址和布局体现了中国古村落选址的理想模式。村湾坐落在木兰山脉西峰山下，四面环山；村东山体绵延似青龙，村西山体兀立似白虎，村后的葫芦山与西峰山的山脊一脉相承，村南不远处两座形似乌龟的小山锁住村湾的咽喉。横贯全村的清水河从村西流过，村中散布数处池塘，山坡泉水长流，村庄草木葱天。正如村中民谣传诵的那样“左边青龙游，右边白虎守，前面双龟朝北斗，后面金线钓葫芦，中间流水太极图”。

中国传统哲学讲究“天人合一”的整体有机思想，把人看作是大自然的一部

黄陂区
黄冈市
孝感市
双泉村大余湾
新洲区
东西湖区
江汉区
N
姚家集镇
蔡店乡
长轩岭街办
李家集街办
王家河街办
罗汉寺街办
蔡家榨镇
六指街办
天河街办
武汉天河机场
三里镇
仓埠街办
木兰山
545

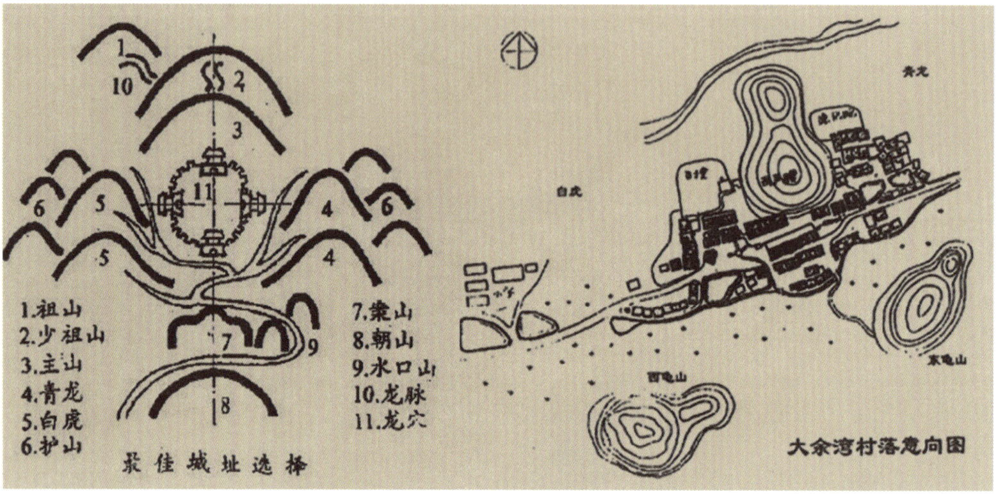

传统风水格局示意与大余湾村选址布局关系

分。人类居住的环境特别注重凭借自然山水并融山水、村舍、田野及必要的点景建筑为一体，表现出浓郁的山水意象。整个村落坐北朝南、土层深厚、植被茂盛，有着显著的生态学价值，表现出鲜明的生态意象。大余湾村后有靠山，前带流水，侧有护山，远有秀峰，住基宽坦，水口紧锁，有山、有林、有田、有水的相对封闭的空间模式是古人心目中的理想生存环境。

（4）历史文化资源特色

大余湾历史文化资源丰富，核心保护区内是由38处宅第民居、苑囿园林共同构成的集中成片的古民居建筑群，为省级文物保护单位。此外，池塘、巷道、石板路等环境要素和丰富多彩的民间文娱活动、传统工艺、民间传说等，也是大余湾历史文化遗产的重要组成部分。

1）古民居建筑群

大余湾地处鄂东，其建筑形制、风格与石作、木作技术近于赣北民居。村中目前尚存的民居建筑大部分保留着明清时期的局面。其宅院在形式和格局、用材与技术上，体现出极为完整的安居构想：“前面墙围水，后面山围墙，大院套小院，小院围各房，全村百来户，穿插二十巷，家家皆相通，户户隔门房，方块石板路，滴水线石墙，室内多雕刻，门前画檐廊。” 大余湾民居建筑群是湖北民居的一个重要组成部分，在华中地区也是实为罕见的历史文化遗产。

★ 住宅形制

大余湾民居采用三合院形制，由三间正房、两厢和天井组成，“明三暗五四堂归水”，正房中间前为堂屋，后为灶房，左右两间为卧室，有的隔为四间，按左大右小、前大后小分长幼而居。堂屋正中设神龛，供祖宗和“天地君亲师”位。厢房一至二间，加上五间正房共七间，当地叫“联五转七”。天井很浅，四面外墙一般不开窗，而通过天井和屋面明瓦来采光。正房为一层，两厢为两层，通过厢房里的爬梯上二层，上面阁楼互为连通。主房屋较高，为双坡硬山式。厢房屋顶为不对称的双坡顶，分长短坡，短坡坡向外墙，长坡坡向内院，正房一厢房屋面相交，均采用小青瓦。各层屋面不互相交接。天井与正房的位置有前后关系和左右关系。“天井凼”用石头铺砌，可调节室内空气、阳光和排水排污。大门内侧建走廊，一般称廊沿，与正房和厢房的廊沿相接，利于雨天通行。

早期修建的宅子，尺度一般都比较大，且颇有情趣。有的大户人家将三合院串联，呈三重院落，一般前院为仆人或长工居住，所以在用材上都不如正院和后

古民居建筑

院讲究，面墙上端便用青砖代替石材。后院多种植花草，村里人崇文习武，曾出现过不少举人和秀才，从余氏家谱里的祖地八景诗赋中便可窥见一斑。村里房屋有的呈三合院并联式，这并联的两家，住的是兄弟或亲戚，两家有着共同的墙和相连的屋架，相邻的两间正房前端则被打通作为两家联系的过道。还有一个有趣的细节就是房子正门一般向内退一步，取“退一步海阔天空”之意，这也体现了村民们豁达的处世哲学。

传统街巷

传统街巷

★ 构造与装饰

外墙由面墙和“陪墙”（当地的叫法）组成，墙高约 6 米。入口处装饰“滴水线石墙”，厚度约 60 厘米。正面刻有纹路细密均匀的斜线，从正面看去，整面墙好像檐口的滴水线，又似雨丝斜织。大门、门洞装砌石门夹，其上均有砖木制的出檐式门楣。其他细部也别具匠心，如外墙角有的成弧形，有的成多边形，有的成锯齿交错状。

滴水线石墙和出檐式门楣

锯齿交错的外墙脚

从架木结构及装饰制式上分析，民居多属清代中期具有地方传统手法的建筑。相比较而言，这里民风淳朴，宅子装饰简朴，一般体现在格扇门、脊檩等处。阁楼栏杆、格扇门或为直棂或为规则排列的透空雕饰。

雕花的格扇门

建筑工艺上，有干垒石墙和糯浆砌墙法。其中干垒石墙砌法年代较早，多用于砌筑寨墙和台基；糯浆砌墙工艺较精细：将糯米浆与石灰按一定比例混合、搅匀作为砌筑的浆料，缝隙严密、黏结性好，不易风化，多用于外墙的砌筑。墙体材料就地取材，在村前村后的山上均可开凿绿帘石和绿泥石。

格扇门雕花

屋檐下饰有彩画，色彩多为青、黛、朱红等色。檐画的主题多为广为传诵的民间故事，如“荷犁牵牛”“高山流水”等，也有“喜雀闹梅”“遍地呈福”“繁花锦绣”等图案。寓意生活美满、吉祥如意。

干垒石墙

糯浆砌墙

瓦 当

檐 画

此外，大余湾遗存的“雍正朱批玉旨”箱、“四豆同荣”寿匾、太师椅、铜灯具、纺线车、织布机、石舂屋脚石块上的拴马铁环，甚至清代嘉庆二十二年（1817 年）的石碾等都成为村落民俗的重要组成部分。

2）德记花园

德记花园位于黄陂区木兰乡双泉村大余湾后山坡。现仅存花园围墙与花园以前管理用房二间，通道一条。花园呈椭圆形，围墙残高 3.4 ～ 4.5 米，厚 0.6 米，周长 64 米。围墙由青长石干砌而成，顶上有青石板覆盖。花园占地面积 360 平方米。花园内现残留有一大一小两株古桂花树，状如伞盖，花期香飘十里。

嘉庆年间的石碾

拴马环

3）民俗文化

大余湾村已有近千年的历史，许多民俗文化保留至今，其中较有代表性的有民间文娱活动、传统工艺和一些民间传说等。大余湾有自己的乐曲，如“凤点头”、“四五六，公尺尚”；还有皮影戏、打鼓说书；插秧时送栽秧酒。春节活动很多，如龙灯、采莲船、踩高跷等。民间传统工艺则主要是制陶。此外，大余湾还有一种“晒

德记花园

德记花园

书”的习俗，这是在我国其他民俗村所鲜见的。所谓晒书，就是在阳光灿烂的日子里，各家各户不约而同地将自己家里私藏的古老典籍、书画、文件和书信拿出来晒，以防其霉变。这是最泛书香的日子。据长辈说，他们所晒的作品中，有不少岳飞的手迹书信，因为岳飞当年曾长期在这一带策马扬鞭，其书信手令等，数量很大，几乎每家都有珍藏。但许多珍贵的东西，不幸毁于“文革”。

青石板凳

老石阶

古桂花树

余绍礼民居

民居中的天井

民居院落的大门

罗家岗湾

（1）概况

罗家岗湾位于黄陂区王家河街罗岗村，村域面积 1.92 平方公里，罗家岗湾面积 5.9 公顷，人口约 200 人。村内集中分布明清时期古民居建筑群，为罗氏宗族的聚居地，其建筑风格与大余湾如出一辙。罗家岗古民居建筑群风格自然清新，具有较高的艺术价值；同时，它对研究黄陂地区近代乡村居民文化与乡村居民居住模式等具有较高的历史价值和科学价值。

罗家岗古建筑

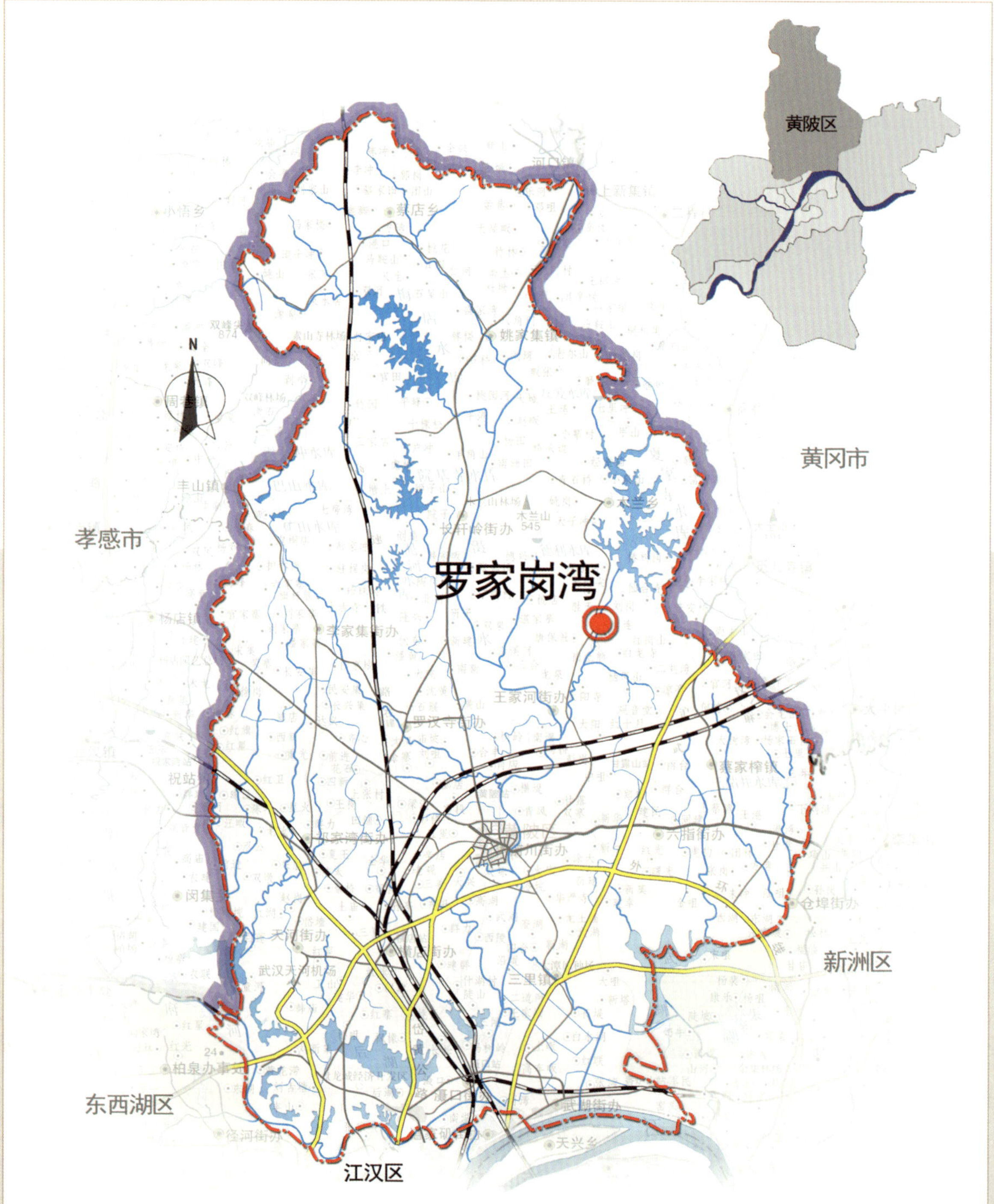

黄陂区
黄冈市
孝感市
罗家岗湾
新洲区
东西湖区
江汉区

（2）历史沿革

罗家岗的罗氏家族来自江西吉安，到黄陂繁衍生息将近600余年。其祖上本为元边疆大臣，后兵败亡国。明初为了逃避元遗臣的株连九族之祸，罗氏子弟大量入伍进入湖北境地，广泛分布在湖北多个县内。现在黄陂区还散布着大量的罗姓子弟，罗家岗就是其中一支。

据族谱记载，第一代罗氏人原住江西，明朝洪武年间，罗氏第二代人从江西过籍至湖北省黄冈麻城市，从第三代人开始迁至武汉市黄陂区王家河镇罗岗村，后一直居住在罗岗村，至今近600余年。从生活于隆庆皇帝辛未年间的第四代人至民国五年的第十七代罗氏族人信息较详细，可查。

明末清初的罗家岗，曾有过百年辉煌的历史，罗氏家族占天时地利，书香门第仕途畅达，商贾之家经营有道。罗姓子孙繁衍，罗代家族发展日益鼎盛。经商者大号云集，名声显赫。村中大户良田千顷，商户有德昌、梁记、洪泰、永茂等20多个大号。因人才辈出，并在仕途上有所作为而显赫一方。如清末民初的罗隆昌当铺百里驰名，且有良田数百亩，油坊一处，堪称家财万贯。富商大贾们开始在村里大兴土木，逐步建造规模庞大的民宅、宗祠、书院，开始大兴村落建设。村中房屋最开始集中在村落西北角的柿子塘，后逐渐向东南方向扩展。

民国时期的罗家岗街道繁华，油坊、屠户、面店、家伙铺、煤炭店、豆腐店、柴行和鱼行等行业齐全兴盛，俗称“小汉口”。当时汉口已有罗氏专门经营的店铺，并有他们建造的居住巷里。此外，罗家人极具经商头脑，罗家岗因木料质地很好，极具价值，一度闻名遐迩，因其木料销售逐渐到成有“鹦鹉洲”之称的木材批发市场。当时，沿着罗家岗到汉口的路上遍布着罗家的驿站，当地有着“罗家马不饮别家水”的说法。

随着历史的嬗变，兴盛百年的罗家岗大户们逐渐衰败。首先是封建王朝的覆灭给宦仕人家以沉重打击，随之而来的是外强入侵，战乱频繁，又给富商巨贾们带来厄运。1927年，黄麻起义失败后革命战火烧到木兰山，土地革命一声枪响，革命第七军在吴光浩带领下彻底摧毁了罗家岗大土豪罗隆昌的当铺、油坊。从此宣告罗隆昌兴盛时代的结束。有钱人家或外逃，或落魄，仅留下一片古老的民居豪宅，叙说着昔日的兴旺发达。土地改革中，湾中富豪人家被定为地主阶级成分，大部房产分给贫雇农。分得房产的人家在日后的岁月中渐渐将旧有古宅改建新居，部分幸存，保存至今日。烽火抗战的时期，罗家岗许多重要建筑文物毁于战火中。“文革”时期，动乱中也有许多重要的文物惨遭摧毁。

鸟瞰罗家岗村的传统格局

（3）传统格局

罗家岗村周围以自然的田园风光为主，西南北三面环山，东接火塔线区级公路，整体地势北高南低。

罗家岗整体布局显现出规范和条理的特点，建筑群基本排列有序，以中心广场为核心进行布置，分为六个片区，五个传统建筑片区围绕中心广场分布，居住及管理片区则主要沿火塔线布置。中国古代的宗法理念、家族制度和强有力的血缘关系将同一宗族的人紧紧凝聚在一起，形成强大的向心力和内聚力，村镇的布局体现并强化了这种社会结构和关系。村中传统街巷沿南北向有一条主巷，沿东西向有七条支巷，整体结构呈“一主、七支”的鱼骨状传统格局。

罗家岗现存古院落数量颇丰，形式丰富。村内纵横交错的石板小巷连接大小数十座院落，或是宏伟的商贾大院，或是层次错落的农家别院，依坡就势，古色古香，蕴含着一种历久弥远的沧桑感。商贾大院与农家别院并存，各具风味。最有代表性的是罗家大院，占地面积达 5000 平方米，房屋十数间，整座院落高大宏伟，气势威严，是罗家岗规模最大最豪华的院落，显现出商贾大家的气派，不过现存已不完整，但格局尚存。与之相对的，是中心广场东西两侧的民宅，传统民居农舍错落排列，形成或狭长、或开敞的大小院落空间，形式自由，灵活布置，曲折多变。

罗氏祖宅

（4）历史文化资源特色

罗氏祠堂

罗家岗在建筑群布局上极具特色，当地的传统建筑，商贾大户与普通百姓表现为截然不同的两种建筑风貌。

1）商贾大户“一门五户”的聚居模式

历史上的罗家岗曾经是官道驿站，为交通要道，因此经常受到流寇的侵扰，贼匪流窜，使得当地富户的建筑组团布局，表现出极强的防御性和内向性。“一门五户”是罗家岗当地大户的一种典型的聚居形式，以五户为一组团，四面设围墙，以供防御之用。五户共用一个大门作为主要出入口，围墙三面侧开小门，住户间为两米宽的庭院，称“六尺巷”。六尺巷取“千里修书只为墙，让他三尺又何妨”的典故，意指左右邻居各退三尺，成六尺巷。六尺巷内设椅凳等，作为内部交通组织和活动场地，五户皆面向六尺巷侧开门，整个建筑朝六尺巷采取斜切角。大门采用极厚木板且两面镶铁皮，极重防御，至今仍清晰可见门上残留的弹痕。“关起门来是一家，打开门来是五家”的组团特点反映动乱时代罗家岗商贾大户间极具特色的邻里文化关系。房屋以整条石或块石为主要建造材料，房屋墙基用麻条石、糯米石灰浆砌成，上砌青砖，墙体常采用雨丝墙砌法，建筑群多以厅堂为中心组织院落，是明清时期罗家岗民间文化、建筑工艺、美学艺术的杰出代表。

建筑细部

传统民居顶部样式

保留至今的道光年间古砖

精美雕花与细部

传统民居

2）普通百姓的聚居模式

相比商贾大户建筑聚居表现出来极强的内向性和防御性，普通传统民居建筑群落则体现了相对的自由和外向性。整体布局条理而不拘谨，自由而不分散。农舍间错落排列，建筑、院墙围合出大大小小形态自由的院落、场地或小片菜地，形成路线清晰、开合有致的街巷空间，具有“阡陌交通，鸡犬相闻”的田园农家气息。传统民居建筑以“木兰干砌”为主要特色。工匠们克服了木材不足、石条昂贵等困难，以碎散石片或毛石料为主要建造材料直接铺码干砌，是武汉地区具有浓厚乡土韵味的建造方式，显示出较高的建筑技术与艺术水平。

民居凉巷

汪西湾

中西合璧的汪西湾民居

（1）概况

汪西湾为黄陂区王家河街道东南红十月村的一个自然村湾，约190户，人口780人。村民以汪姓为主，为明洪武二年迁居至此，繁衍生息至今。汪西湾紧邻5A级景区黄陂木兰文化生态旅游区的木兰草原景区，距其入口仅2千米。

（2）历史沿革

汪西湾自明初建村，至今将近700年。汪氏最早源自商代汪芒氏之后，至商朝，改为单字汪氏。两汉至宋朝，汪姓主要的活动地区在皖、赣、浙、苏地区。元末明初，战乱连绵，中原、华东、中南各地人口锐减，朱元璋登基后，决定开展移民运动。明洪武二年，汪西湾先祖自江西迁徙而来，在此定居。

至清嘉庆末、道光初，汪西湾形成小集市，有铺、店、坊、堂、行30多家，

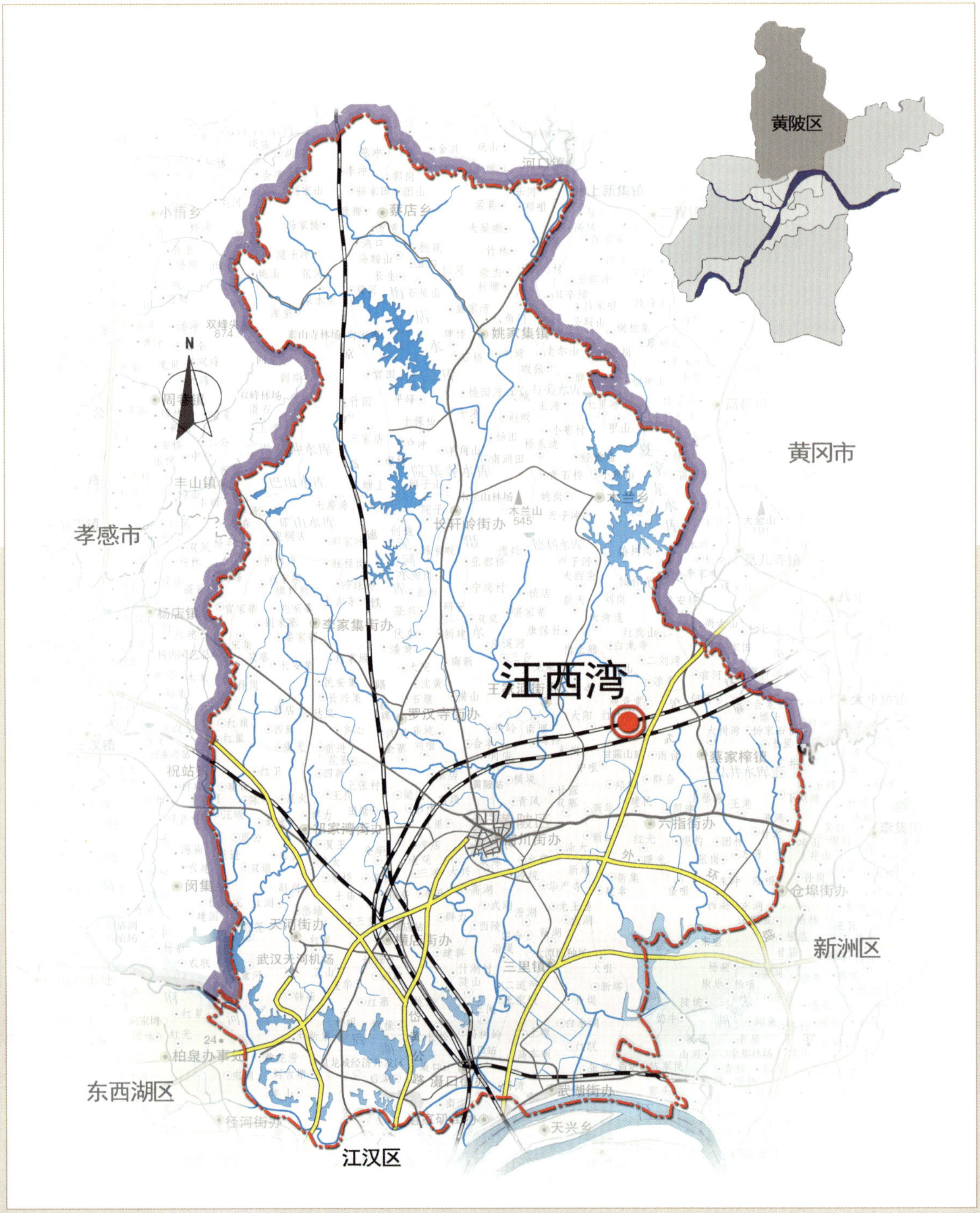
黄陂区
黄冈市
孝感市
汪西湾
新洲区
东西湖区
江汉区
N

之后不少村民从商，把山货行、纸作坊、小百货生意做到了汉口。同治年间，汪西湾兴起了建房热，村湾内拆土坯房、建线石青砖房的多达六七十家。民国初期，汪西湾已经成为周边地区的邮件集散中心，周边区域往来信件均通过汪西湾中转传递。

1927 年黄麻起义后，汪西湾成为鄂豫边革命根据地的一部分，期间红七军在此开展革命活动，汪西湾受战火影响发展受制。19 世纪 30 年代，汪西湾曾遭受火灾，不少砖木结构的建筑被毁，村庄人口规模也不再扩张。

新中国成立后，汪西湾设行政管理区。20 世纪 60 年代，村民用废弃房屋材料修建新房，如供销社等，内设粮店、食品、供销、信用社等设施。改革开放以后，村湾逐渐向南侧发展，湾内人口逐渐外流，村庄老龄化问题突出，已不见往日的繁荣。

20 世纪末，紧邻村湾西北的木兰生态旅游区启动建设，此后，村庄被确定为王家河街道的重点中心村，村庄发展面临良好机遇。随着对外交通条件和公共服务设施的改善，汪西湾的人民生活水平不断提升。

（3）传统格局

汪西湾古村背靠木兰山，紧邻红十月水库而建，村前田园广袤、坑塘发育，可谓阴阳调和，“藏风得水聚气”，蓝天、白云、碧水、黛山、青野与古村相融，共生共存，传递出一种清新宁静的悠远韵味。

村口水塘

汪西湾属于平原微丘地区，海拔在 40 米~50 米之间，地势总体呈南高北低，高低差最大近 20 米。相对较大的高差，使得湾内建筑的空间丰富，变化较多。村湾入口位于西侧，坐东朝西；村口大水塘连同四角的若干水塘，恰如乌龟的头和四脚，有“龟寿延年”的寓意。

不同于平原村庄，汪西湾村庄外部的车行道形成环路，而内部的人行道路纵横交错，宛如龟壳上的龟裂纹，形成了颇有特色的街巷格局，美观宜人。

巷道空间

砖木结构老屋

屋内木雕

（4）历史文化资源特色

汪西湾现存一定规模的清代民居建筑，前临水塘，建筑风格以徽派为主，建筑构造多为砖木结构。

1）传统民居建筑

汪西湾 27 号老屋，仍保存较为完整的格局。门柱和横梁上雕刻鸟兽花卉，窗棂格扇刻着人物及福、禄、寿等文字，撑拱上的木雕麒麟栩栩如生。部分老屋的石拱门、铁皮大门、“抬头见官”门罩、拴马铁环等尚存。稻场上的石磨和石碾子仍保存完好。

精美木雕

汪西湾 4 号为一民国年间的中西合璧建筑，坐东朝西，砖木结构，建筑入口为拱门和柱式结合，建筑为三开间。该住宅青砖清水围墙和山花的石刻工艺十分精湛，且保存较为完好。

精美雕花

2）历史环境要素

汪西湾中北部有两棵古树名木，树龄均为 100 年左右，与村湾水塘、广场、古建筑相得益彰。在村湾的外围四周分布有多个古池塘，形成村湾良好的生态环境和特色的村落格局。村庄中北部有压槽路的遗址，东西向，通往商贸集市。压槽道路的宽度在 2 米左右，压槽的口刚好能满足一个车轮通过。此外，村湾内还分布了大量古石磨、古石撵等。

村中古石磨

邱 皮 村

（1）概况

邱皮村位于黄陂区罗汉寺街道中部偏南，东邻横花公路、横山村，西接张杨村，南临庙坡村、祝店村等。邱皮村中部的耿家大湾现存“耿家大湾民居”，面积约1500平方米，为20世纪70年代社会主义新农村建设的示范村。

耿家大湾民居

黄陂区
黄冈市
孝感市
邱皮村
新洲区
东西湖区
江汉区

（2）历史沿革

邱陂村耿家大湾民居建筑群建于1975年的“农业学大寨”时期。为改造农田，节约土地，当地政府将原耿姓小村庄整体迁至现山岗的耿家大湾，统一规划、统一建造，形成了完整的耿家大湾民居建筑群落。建造当年，因其他地方发生龙卷风，为支援灾区，民居群建了一半后停了下来，导致后面有几排未完工。该民居建筑群的建设便于节约土地，规范管理村民，是当时黄陂新农村建设的典范，对于研究20世纪70年代特殊时期的社会、政治、经济、文化等具有重要的历史价值。

（3）空间格局

耿家大湾民居建筑群为联排单元式住宅，东西三排，偏东二排共五列，最西一排三列，共建房13栋，每栋内居住村民12户，每层6户。

示范村住宅排列

（4）历史文化资源特色

邱陂村耿家大湾民居建筑群保存较好，现占地约1500平方米。单栋占地面积约80平方米，均为两层砖木结构建筑，坡顶。单元楼外墙由灰白条石、清水红砖间砌而成，门廊为连续的红砖砌拱券，分割比例稳重大方又不失活泼，结构仍旧牢固，屋瓦为青黑色，整个建筑群色彩明快，与乡间景色十分和谐。联排单元留出与尽头水塘的风道，夏季较自然凉爽。

二楼内廊

楼梯入口

连续拱券结构

户门入口

长岭岗村

（1）概况

长岭岗村位于武汉市黄陂区东部蔡家榨镇以北，东邻红安八里湾镇，北通红安觅儿寺镇，南接官河村，西临吴家寺水库，是黄陂区与红安县交界的“口子村”。长岭岗村域共有5个自然湾，358户，人口1679人，成年劳动力总数为512人，占总人口的30.5%，外出打工劳动力212人，占劳动力总数的40.4%。

长岭岗村古街

黄陂区
长岭岗村
黄冈市
孝感市
新洲区
东西湖区
江汉区

（2）历史沿革

长岭岗村地处连绵岗地高处，地势中间高、四周低，故因此得名。相传600年前，在此定居的第一户姓田，为江西移民，以经营药铺起家，由此奠定了长岭岗村商业集镇的职能定位。长岭岗历史上以布匹、染坊、屠宰、米店等尤为出名，直至今日，每天清晨，周围村湾都来此赶集。长岭岗村目前仍较为完整地保留着一条古街，古街村民有“南宋北何中吴李”之说。其中，宋氏、何氏分别为30户，吴氏10户，李氏七八十户，为全村最大的家族，曾建李家宗祠，后毁于战火。

（3）传统格局

长岭岗村地处丘陵地带，农村自然景观特色明显，山水相宜，风光优美。由于当地石头资源十分丰富，老街建筑多为石头所砌，历史悠久，风格鲜明。长岭岗古街沿街巷两侧分布商铺，中间为青石板路，南北有瓮门。商铺曾为木门面，现基本为砖石结构建筑，且其商业功能已消失，部分建筑用作民宅，多数空置。目前，瓮门已消失，但青石板路仍保存完好，路中间的排水沟被水泥覆盖。

长岭岗村古街

长岭岗村青石板路（中央排水沟已被水泥填埋）

半石砌半青砖的民居建筑

石砌古民居

木门面商铺

（4）历史文化资源特色

长岭岗古街区是长岭岗村具有特殊意义的街巷，是完整体现长岭岗历史及传统文化价值的历史街区，与黄陂区其他历史遗产共同形成了一系列较全面反映地方历史和文化的人文景观，是武汉黄陂历史文化名镇系列中的重要一环。古街两侧原为木门面的商铺建筑，后遭损毁。其后建的古街建筑因地制宜，多采用石头砌筑，还有部分为半石砌半青砖建筑。总体而言，建筑风格统一，特色鲜明。此外，长岭岗村还保留着大量“活着的传统”，如传统生活方式、传统手工艺、传统建筑方法及技艺等。

姚家山村

（1）概况

姚家山村位于黄陂区西北部的蔡店乡西南，南面为姚姚公路，北面为大悟山，西北面与孝感市孝昌县接壤，距离武汉城区约 98 公里，黄陂城区 65 公里，蔡店乡政府驻地 15 公里，对外交通仅通过姚姚公路联系。姚家山村共有人口 217 户，866 人，其中劳动力 386 人，外出打工约 210 人，占总劳动力的 54.4%。姚家山村与黄陂北部“木兰八景”之中的清凉寨、锦里沟之间车程距离在半小时以内，彼此联系较为紧密。

姚家山村风貌

姚家山村
黄陂区
黄冈市
孝感市
新洲区
东西湖区
江汉区
N
蔡店乡
姚家集镇
木兰乡
长轩岭街办
李家集街办
王家河街办
罗汉寺街办
蔡家榨镇
六指街办
前川街办
祁家湾街办
天河街办
横店街办
武汉天河机场
三里镇
滠口街办
武湖街办
天兴乡
仓埠街办
柏泉办事处
径河街办
丰山镇
杨店镇
祝站镇
闵集乡
周巷镇
小悟乡
河口镇
上新集镇
木兰山
545

（2）历史沿革

1941 年 1 月 6 日，国民党制造了震惊中外的皖南事变，并宣布取消新四军的番号。1 月 20 日，中共中央坚持又联合又斗争的原则，发布重建新四军军部的命令，新四军豫鄂挺进纵队组编为新四军第五师，李先念任师长兼政治委员。

1940~1945 年，李先念、陈少敏率新四军第五师一直在姚家山进行抗日活动。开辟姚家山抗日根据地，成立黄陂县抗日民主政府，在这里召开了“鄂豫边区陂孝北参议大会”，并开办抗日军政大学第十分校。

姚家山人民在抗日战争时期，敢于斗争、前仆后继，发挥了革命中心地段人民的特殊作用和大无畏精神，为中国人民的解放事业做出重大贡献。

1988 年，姚家山新五师司政机关旧址建筑群被武汉市人民政府公布为市级文物保护单位。

（3）传统格局

姚家山村南低北高，属于大别山系余脉，为西北—东南向岭谷平行的山谷地貌，地表植被覆盖较好。姚家山村位于山谷地带，村中分布有数口池塘，建筑布局形式分为行列式布局、斜列式布局、围合式布局和自由式布局等，大多沿山形地势围绕池塘分布。

围合式布局建筑

行列式民居姚家山村

村中池塘

（4）历史文化资源特色

姚家山村内建筑主要呈现出明清徽派建筑风格，石头墙基，白墙黑瓦，陡峭的屋檐，前厅后院,中间天井,巷道深远。老宅门前多为青石板路，随处可见石墩、石磨、石舂、石臼等古老的农具，散发着古色古香的气息。

徽派民居

青石板路

门当

天井

公共空间

现代民居

姚家山新四军第五师司政机关旧址由司政大礼堂旧址、李先念和陈少敏旧居、后勤部旧址、参谋部旧址、印刷厂旧址、修械所旧址、医院旧址、造弹厂旧址和姚刘祠堂旧址等九处建筑组成。除被日军炸毁的姚刘祠堂外，其余八处建筑保存较为完好，是武汉市保存较为完好的近现代革命文物建筑群。1940~1941 年，姚家

山一度成为新四军第五师、鄂豫边的指挥中心。李先念、陈少敏、任质斌等同志领导的新四军第五师和边区党委在此开展抗日活动，举行了许多重要会议，并建设了印刷厂、被服厂、枪械所、榨油厂、电料厂、肥皂厂等。

新四军第五师司政机关大礼堂旧址

新四军第
司政机关大礼

新四军第五师司政机关旧址

刘家山风貌

刘家山村

（1）概况

刘家山村位于黄陂区蔡店乡，黄陂区北部的清凉寨风景旅游区内。西与孝感市孝昌县毗邻，距武汉市中心城区 85 公里，距黄陂区中心城区 62 公里，距蔡店乡政府 12.6 公里，平均海拔 600 余米，是武汉市海拔最高的自然村。刘家山村包括刘家山和丁家山两个村湾，现有总人口 107 户，478 人。刘家山村拥有银杏基地 500 亩，森林覆盖率为 97.5%；平均气温 16.5 摄氏度，适宜消夏避暑；村庄地貌独特，风景宜人；村落民风淳朴，土特产丰富，是体验乡村生活的理想之处。刘家山村的历史人文特色也是清凉寨风景旅游区的重要旅游资源之一，其传统民居和民俗文化等具有独特的吸引力。

（2）历史沿革

相传刘家山村因刘百官、刘百元两兄弟最早定居于此而得名，并逐渐繁衍发展成家族式村落。刘家山村历史上曾出现许多进士达人，最出名的要属刘炳士，官至刑部左侍郎，村内尚珍藏有清朝道光皇帝赐给刘炳仕的一块“木本水源”的木匾。

而今刘家山村已发展成为以乡村休闲旅游为主的民俗风情村，村内的山居建筑错落有致，主要景点包括古村幽巷、银杏古林、山里人家、刘家山神匾等。每逢节庆假日，从武汉市区、周边县市以及全国各地来此游览的游客达上万人次。

（3）传统格局

村内尚存少量保存较好的清代古建筑，其余大部分为仿明清古建风格的平房

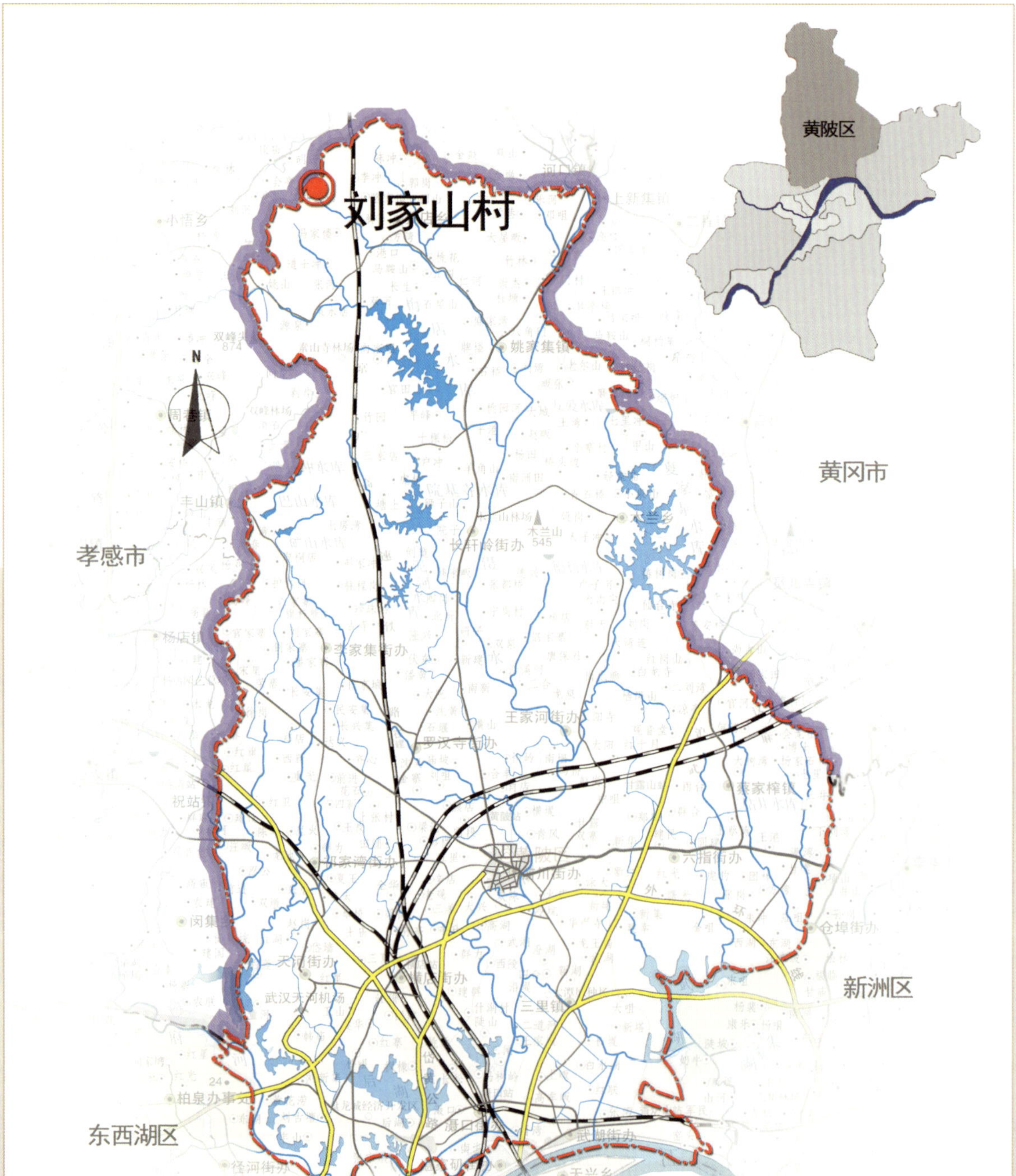
刘家山村
黄陂区
黄冈市
孝感市
新洲区
东西湖区
江汉区
河口镇
姚家集镇
长轩岭街办
木兰山
545
李家集街办
王家河街办
罗汉寺街办
蔡家榨镇
六指街办
前川街办
仓埠街办
天河街办
武汉天河机场
三里镇
武湖街办
天兴乡
丰山镇
杨店镇
祝站镇
闵集
柏泉办事处
径河街办
双峰尖
874
N

水岸风光

和两层楼房，整体风貌和谐统一。村庄依山梯状建设，沿通幽河及山脉走向展开呈带状用地布局形态，部分成自然零散式布局形态。通幽河贯穿其间，民居面河靠山，形成特有的山水格局。现状建筑多依山而建，三五成行，形成自然的肌理，有明显山地建筑群体空间的特色。整个村庄接山连水，绿谷通幽；白墙石基，瓦屋栉比；藏风聚气，浑然天成。

半山民居

村庄入口

（4）历史文化资源特色

刘家山村位于峡谷之间，周边山体高大壮美，村内林木苍翠、鸟鸣山幽、青山绿水、环境优美，有“天上人家，清凉世界”的美誉。

村内的山居建筑错落有致，保留有清代古村落肌理和古民居街巷。传统的马头墙、门廊、石基墙裙和小青瓦，体现出富有特色的山村建筑风格。现状住宅建筑大多是经过改造的平房，主要建筑材料有砖、瓦、混凝土和石板等，建筑墙体以灰白色为主，屋顶均为青瓦，风格与传统民居建筑协调统一。村内仍可见古石磨、石碾等。村庄民风淳朴，古风凝重，至今还流传着“刘大人衣锦还乡”等传说。

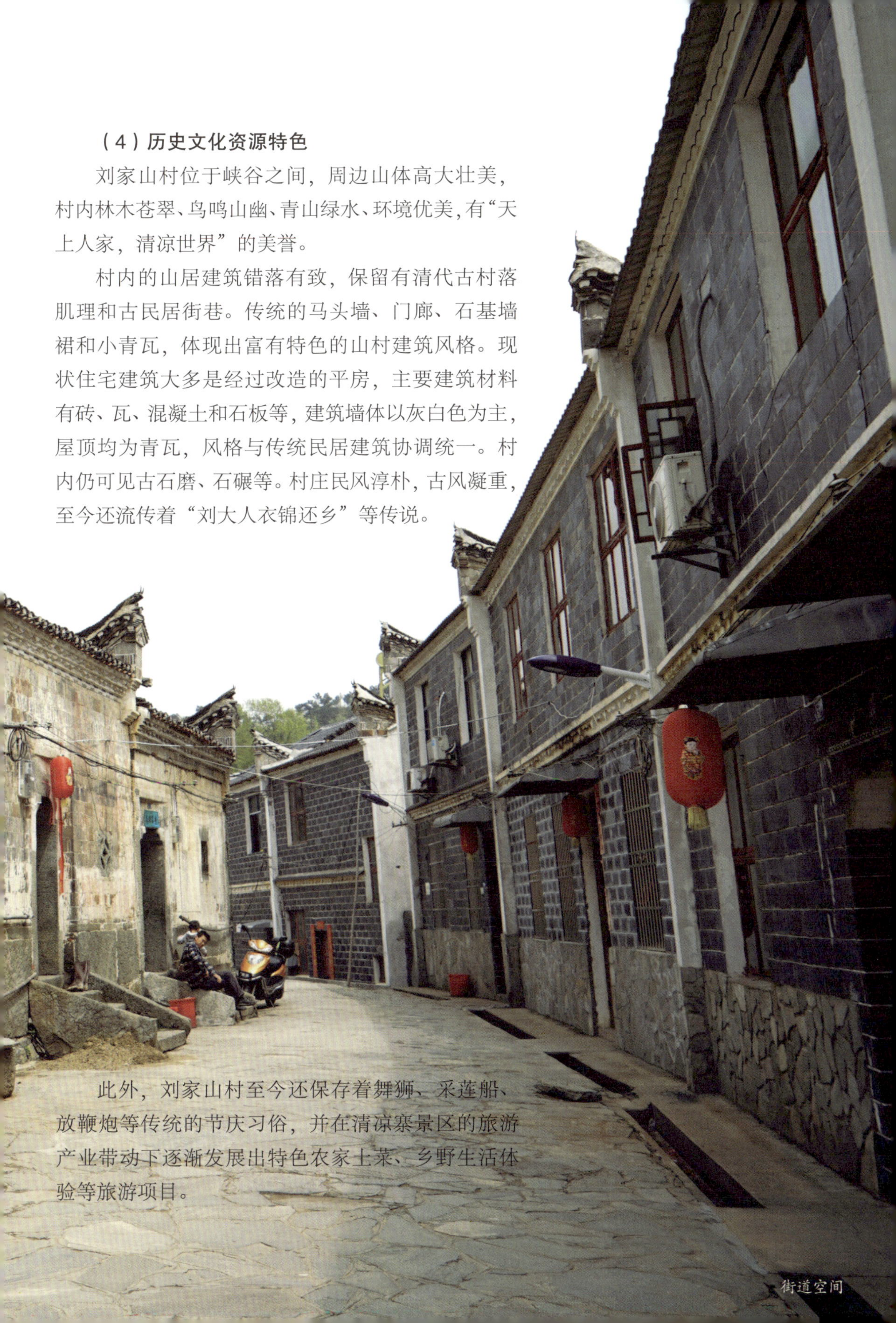

此外，刘家山村至今还保存着舞狮、采莲船、放鞭炮等传统的节庆习俗，并在清凉寨景区的旅游产业带动下逐渐发展出特色农家土菜、乡野生活体验等旅游项目。

街道空间

马头墙

小青瓦和银杏

石基墙裙

独具特色的民居

文兹湾

（1）概况

文兹湾位于黄陂区王家河街高顶村，村湾的规模较小，村内围绕池塘和主要道路散点分布数栋建于清末民初的古民居建筑。村内及村庄周边的自然生态环境较好。

文兹湾风貌

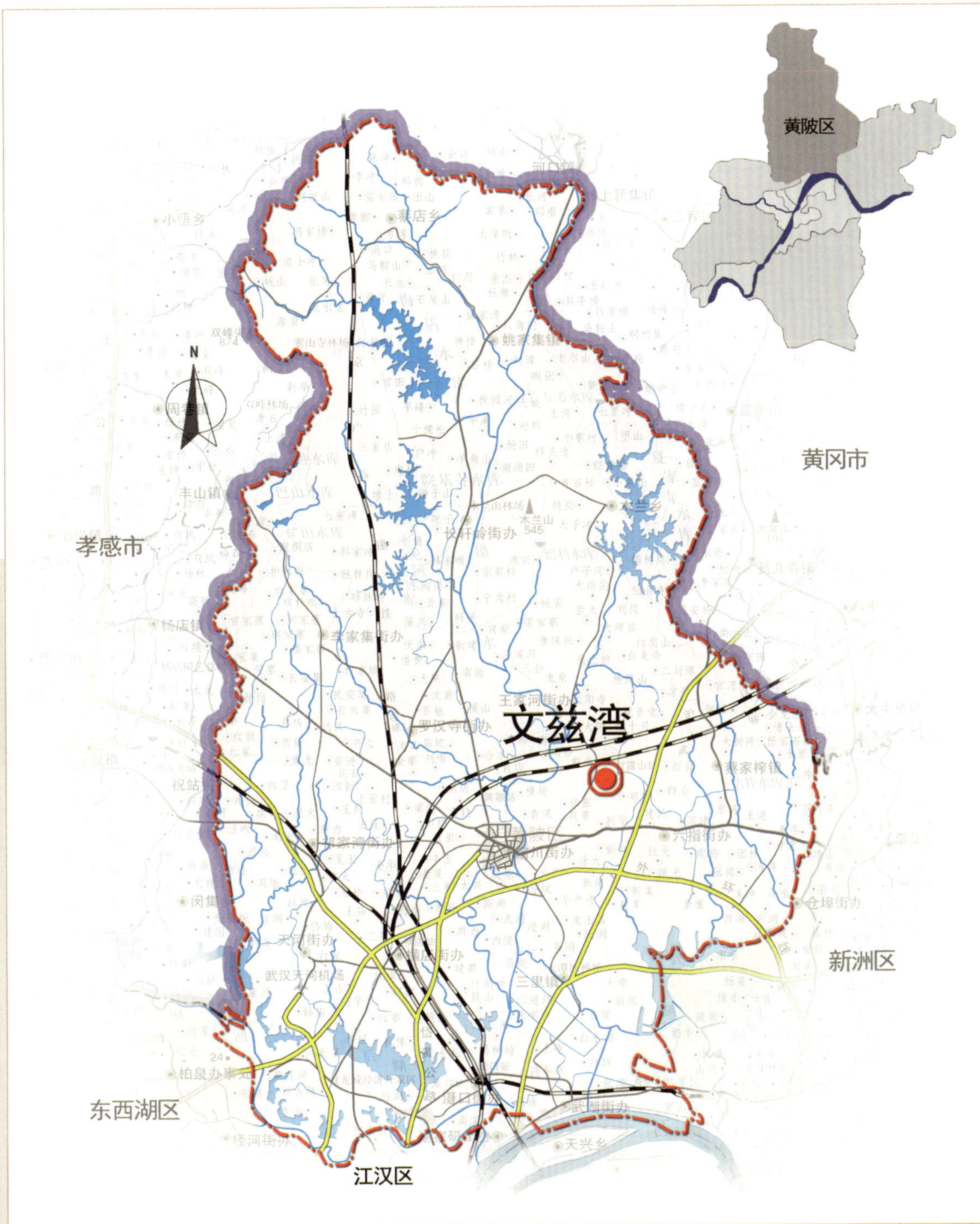
文兹湾
黄陂区
黄冈市
孝感市
新洲区
东西湖区
江汉区
N
蔡店乡
姚家集镇
长轩岭街办
木兰乡
李家集街办
王家河街办
罗汉寺街办
蔡家榨镇
六指街办
前川街办
祁家湾街办
天河街办
横店街办
武汉天河机场
三里镇
武湖街办
仓埠街办
丰山镇
杨店镇
祝站镇
闵集
柏泉办事处
径河街办
天兴乡

古民居

街巷空间

（2）历史文化资源特色

文兹湾古民居建筑墙体多为石块砌筑而成，内部以木结构为主，天井采光。部分仍在使用的建筑因居民的自发维护而保存较为完好，大部分老建筑因长期无人居住，年久失修，损坏较为严重。

街巷空间

天 井

雨霖村

（1）概况

雨霖村位于黄陂区木兰乡，紧邻木兰湖风景区。雨霖古建筑群，又称“湖北明代藩王博物馆”和“湖北明清古建筑博物馆”。它是由省古建筑保护中心将湖北境内一些因修建水库、公路等原因面临拆迁的传统古建筑实行集中搬迁复建保护，集中搬迁复建形成的。建筑群紧邻木兰湖畔，占地157亩，总建筑面积12022平方米。目前，已从阳新县、通山县、崇阳县、枣阳市等整体搬迁复建13栋名人故宅、富商豪宅、百姓民居、宗祠、会馆，修建了东南园墅、西部山寨等6大景区，并设计了湖北明代藩王历史文化专题陈列。2008年，雨霖古建筑群被公布为湖北省文物保护单位。除此以外，雨霖村内基本没有本土传统特色建筑。

雨霖村风貌

黄陂区
雨霖村
黄冈市
孝感市
新洲区
东西湖区
江汉区

（2）历史文化资源特色

由于建筑从不同地方迁建而来，其原有空间格局已不存在，仅建筑单体具有历史价值。现保存有赵氏老屋、方言学堂、山陕会馆、舒家老屋等明清古民居，反映了湖北地方民居建筑的传统风貌特色。

赵氏老屋

1）赵氏老屋

赵氏老屋迁自阳新白沙镇潘桥巢门村，属于清代晚期建筑，建筑面积300多平方米，砖木结构，硬山顶，面阔三间，进深两间。赵氏老屋原屋主人赵启辉系北宋太宗皇帝赵匡胤的后裔，正门上方书有“半部世家”字样。老屋高墙封闭自成一体，马头翘角错落有致，白墙黛瓦典雅大方，建筑外观青砖门罩，砖雕镂窗，木雕楹柱；彩绘以暗八仙、吉祥草、山水画、百鸟图相组合，美轮美奂。老屋门厅前有镂空雕花门楼，门厅内有格扇屏风；天井两侧的厢房外墙活灵活现的狮头柱十分精巧；天井周边看枋设有垂花柱，垂花柱头雕有狮、象、麒麟，柱底雕有花篮和灯笼，柱间雕有神话、戏剧故事和别致的花罩装饰，华贵典雅。二层环廊处设“美人靠”。后堂内的鹅颈轩、方形藻井、如意轩、额枋及斜撑都有寿山福海等历史传说故事的单面透雕，耐人寻味。堂内不设立柱，整个空间宽敞明亮，室内木雕精美，极具生活气息。

赵氏老屋内部雕花

山陕会馆 局部斗拱

2）山陕会馆

该会馆坐北朝南，由前、中、后殿及两侧钟鼓楼组成，并有装饰性斗拱，前后两殿结构相同。为抬梁式砖木结构，硬山墙。通面阔 12 米，前为门楼，门背后为戏台，在通往中殿两侧为钟鼓楼。中、后殿进深分别为 7.40 米、8.50 米。其中明间面阔 4.5 米、次间面阔 3.75 米。每间有四根圆柱分隔，三间完全相通，柱围 1.23 米，柱下有鼓形柱础。前殿前壁亦为砖墙，中间开有四窗，东、西侧各开一门。其两侧山墙上耸，呈波浪式。前有一宽 0.78 米的走廊。殿前有一砖砌平台，呈长方形，长 1.25 米、宽 6.5 米、高 0.95 米。

3）陈献甲宗祠

该建筑为明代中期建筑，主体建筑占地面积约 450 平方米，进深三间，一进

陈献甲宗祠

面阔三间，后几进开间逐渐减小。砖木结构，硬山顶。一进檐下悬挂御赐“恩荣”匾额，大门两侧抱鼓石雕刻精美。明间两侧为抬梁式结构，次间两侧为承重砖墙。到第三进开间缩为一间，正中摆放神龛供奉祖宗牌位。主体建筑外设有三座照壁，照壁上设有砖砌斗拱，下部为砖砌虚弥座，照壁之间以青石墁铺形成广场，广场外侧石刻栏杆及望柱雕刻精美。广场前方为占地 1100 平方米的半圆形明塘。

陈献甲宗祠局部

4）方言学堂

方言学堂是清朝末年的建筑，为湖广总督、军机大臣张之洞接待德国专家来鄂考察钢铁时修建的接待别墅，曾一度作为清末洋务运动时期的留美预备大学堂。1926 年北伐革命军攻克武昌，后由共产党员叶挺任师长的国民革命军第二十四师师部设在别墅内。方言学堂为中西合璧庑殿式建筑，砖木结构。平面近似正方形，面阔三间 25.5 米，进深两间 23.3 米，下层有结砂岩台基，高约 1.2 米（内空为地下室），四周设有外廊，内有西式壁建壁炉，屋架为木制结构。

方言学堂

舒家老屋天井

5）舒家老屋

舒家老屋为院落式、二层砖木结构、硬山式民居，为清代中期建筑。舒家老屋通面阔 17.19 米，通进深 22.95 米，占地面积 394.5 平方米，建筑面积 644 平方米。该老屋布局对称，分为前厅、东西厢房、后堂三部分。

舒家老屋

东湖新技术开发区
Donghu Xinjishu Kaifa Qu

营泉村

（1）概况

营泉村位于东湖新技术开发区流芳街道中部偏北，北临梁子湖水系三叉港，南邻二龙村、福利村、玉屏村等村落。村域面积 11.42 平方千米。村庄位于山谷地带，北面、西面和南面均为山脉，已开发为龙泉山风景区。村内现存的国家级重点文物保护单位明楚王墓和市级文物保护单位樊哙墓，以及中南六省最大的庙宇灵泉寺均位于景区范围内。村庄山俊水美，钟灵毓秀，自然环境优越，历史文化资源丰富，自然与人文和谐共处，相得益彰。

灵泉寺

东湖高新
九峰乡
流芳街办
营泉村
龙泉山
232
泉岗
新光
群建
九夫
庙岭
江王
福利
红旗
新明
王岩
方家咀
星火
罗立
牛山
青山
白湖
牛根原种场

（2）历史沿革

《江夏县志》载：“龙泉山古称灵泉山，因灵泉寺山中有色碧味甘的清泉潭而得名。”龙泉山人文历史可追溯到西汉时期。当时这一地区为舞阳侯樊哙孙樊建的封地，名为江夏，所以其山称为江夏山。唐朝初年改称夹山，取两山夹道而行之义。唐朝天宝末年，宰相李蹊开基造屋，凿地得泉，形成东西两井，东井冒气则晴，西井无气则雨，占验灵准，因此又称灵泉山。

汉高祖刘邦以武昌为樊哙封地，樊哙死后，就葬于天马峰下。从汉代起，就有许多隐逸之士迁到灵泉山来隐居，遂成灵泉古市，“形胜甲于一邑”。元代，在灵泉山一带逐渐形成了樊、李、杜、张、沈、曾、董、邹等八大望族。到了明代，明太祖第六子楚昭王朱桢，17 岁就藩武昌为楚王，在黄鹤楼下蛇山之阳的王府内，统治诸地达 43 年之久。朱桢每年都到灵泉山避暑，他见此地山环水绕，风光幽美，常常感叹道：“惜乃阳宅，若为阴宅极佳。”于是，经卜工师勘定为“五龙捧圣的吉地仙壤”，并镌上“龙泉特结许多年，粉黛三千云外悬……”的诗碑，从此，灵泉山易名为“龙泉山”。因“吉地”内有汉舞阳侯樊哙、元相沈如钧、明吏张添佑等大官的墓和后裔，朱桢采取要么改姓朱，要么用别处两亩地换此地一亩的方式将他们迁走。当地“八大姓”不服，把事情告到了皇帝那里，但官宦难抗天潢。在皇上的默许下，朱桢最终在此为自己修了茔墓。不久，将八大家族居住的数千户人家的大集镇迁往山外，将环山一带划入王陵区。此例一开，历代楚王均在此修建茔墓，这里于是成为昭、庄、宪、康、靖、端、愍、恭、巴陵卓简九王的陵寝与陵园，逐渐形成“三龟九寝十二景”，繁盛的“灵泉，古市”就此被蚕食成森冷的楚王茔域，形成了“北京有明十三陵，武汉有明九王墓”的奇观。

（3）空间格局

龙泉山顺龙盘结，群峰高耸，其山三面临牛山湖与三汊港，在无边碧浪之间，逶迤崛起云山、大龙山、二龙山、龙嶂峰、玉屏峰、天马峰、马鞍峰等，南北两条山脉自西向东连绵 9 公里，如两条巨龙盘踞在外，两山之间有一圆形小山丘，其形如珠，又名珠山，整个山势形若“二龙戏珠”，楚昭王墓群、灵泉寺和营泉村安置于盆地之内，沃野田畴，四季常青，自古以来这里都被视为山环水绕、湖山钟秀、林泉幽穆的“福地仙壤”。

“南北高峰耸碧天，山头灵处有灵泉。云深萧寺无人见，笑傲烟霞自在仙”，包容的龙泉山，养育了营泉村百姓豁达、务实的性格。随着旅游业的发展，村庄的配套服务设施不断完善。景区周边村湾沿街开起了农家乐餐馆，食材大多为农家小院盛产的蔬果，村民获得了良好收益，同时村庄面貌也焕然一新。

（4）历史文化资源特色

营泉村拥有 1 处国家重点文物保护单位——明楚王墓。明楚王墓系明朝八代九位楚藩王的陵寝，它贯穿明代始终，形成了一个完整的明代藩王葬制，为明代的藩王体制、皇家的丧葬制度及明代武汉地方的政治、经济、文化、民俗等方面的研究提供了珍贵的实物资料。

昭 园

1）明楚王墓

明楚王墓群包括昭园、庄园、宪园、康园、靖园、端园、恭园、愍园、贺园和樊哙墓等 10 处文物古迹。其中，以朱桢的“昭园”规模为最，占地 100 余亩。昭园坐北向南，整体布局呈回字形，依山就势而建，其垣墙呈四方形，总长 1400 米，厚 1 米，高 2.8 米。砖为官窑特制的青砖，每块重 18 公斤。正门 3 个拱形圆门，左右各一侧门，均为汉白玉、白凡石浮雕砌成。从正门直到大殿，全用 1 米见方的白凡石铺陈路面，依次是金水拱桥、朱氏皇堂、享殿、拜台等建筑群。地

明楚王墓的屏栏等

面上的殿堂早已倒塌，但汉白玉雕刻的九龙头、玉柱、屏栏等依然保存完整。山区间当时建有灵泉寺、灵泉书院。1981年起，武汉市开始对龙泉山的文物古迹和梁子湖的自然景观进行有计划地保护和开发，逐步恢复了一些地面建筑和重要景点，如楚天名山牌坊、远眺亭、楚昭王陵园、龟碑亭、婆娑树、樊哙雕像及樊哙墓等。

明楚王墓群的发现，见证了一段武汉两百余年的历史进程。随着墓群中24件明朝中前期瓷器的出土，这段历史如同墓里面埋藏了500多年的瓷器散发出的光芒一样，再次清晰地呈现在世人面前。出土的瓷器，墓志和整个墓群的结构对明史、武汉建城史、明丧葬制度、明代瓷器的研究有重要意义。

明楚王墓

明楚王墓王柱

2）婆婆树

营泉村内现存一棵百年古树——婆婆树。此树为明朝洪武年间状元曾泰之母所植。相传明朝楚昭王选陵寝时，以此树压住龙脉为由，要砍掉此树，被湾中的几位婆婆保护下来，故名“婆婆树”。“婆婆树”学名朴树，为榆科落叶乔木，虽历经 680 多年的沧桑岁月，仍是虬枝飞翠，葱茏舒展。每年的 4 月，“婆婆树”就绽放白色的小花，煞是好看，成为景区一绝，引得无数游人纷至沓来。

婆婆树

东西湖区
Dongxihu Qu

马投潭村

（1）概况

马投潭村位于东西湖区以东，距汉口城西 12 公里。核心保护区南临金山大道，北靠新城一路，东临新城绿化走廊，西至七彩北路，目前正在建设马投潭遗址公园，面积约 41 公顷，人口 155 户，390 余人。马投潭村现存 1 处省级文物保护单位，即新石器时代的“马投潭遗址”，1984 年 6 月发现该遗址，保护范围南北宽 85 米，东西长 90 米。村湾位于遗址以东，除一处建于民国的王氏老屋外，大部分建筑建于 20 世纪 80 年代。民居沿村内道路呈带状分布，村湾南部为池塘，北部为农田、林地。

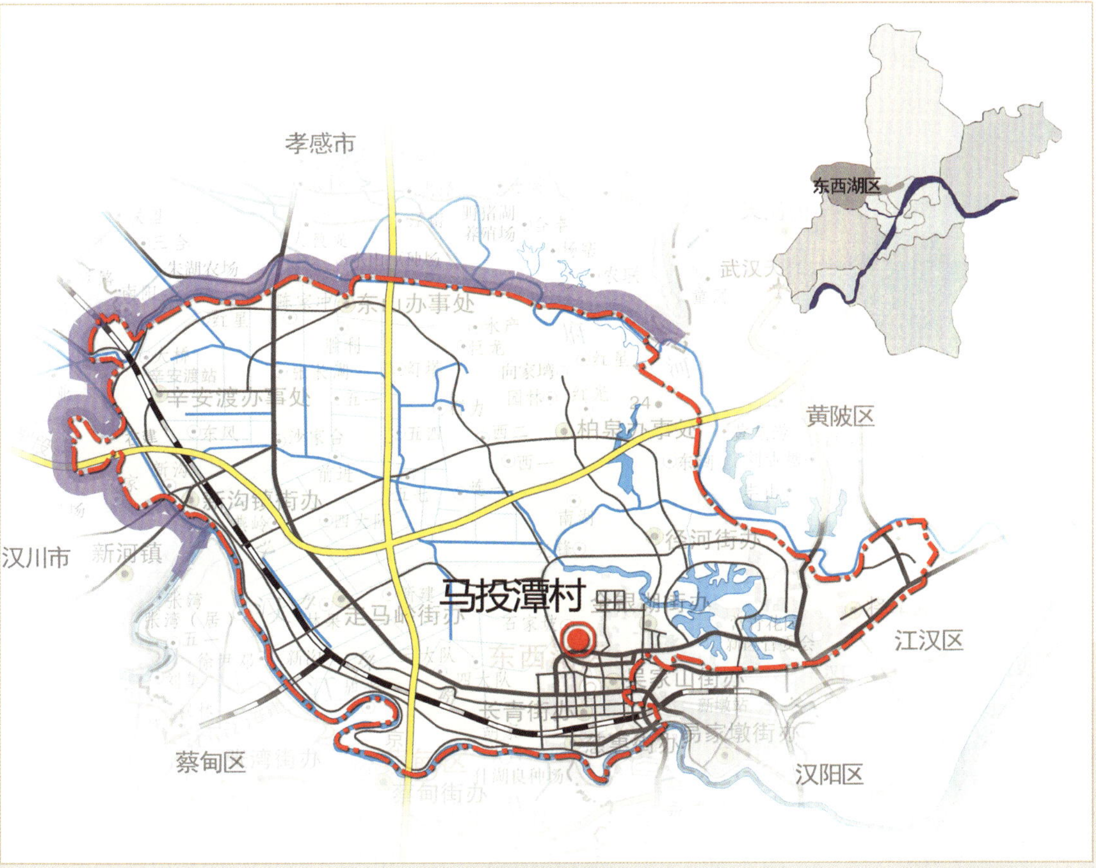
东西湖区
孝感市
武汉
东山办事处
辛安渡办事处
柏泉办事处
黄陂区
新沟镇街办
汉川市
新河镇
径河街办
马投潭村
走马岭街办
江汉区
长青街
将军路街办
易家墩街办
蔡甸区
汉阳区

远眺马投潭村

（2）历史沿革

马投潭村生活至少可追溯至明代。根据民国 16 年（1937 年）的军事地图，马投潭遗址东有“涂家院子”，北有“马家庙”，当时名为“马涂潭”，而非现名“马投潭”。“涂”与“投”二字在武汉话中发音相同，才由古“马涂潭”演变成今天的“马投潭”。20 世纪 50 年代以后，在村东填水建设滨家嘴村。

（3）空间格局

村湾整体空间格局由“村舍、丘垄、潭水、田野”构成。村湾背山面水，呈东西带状布局，主要为马投潭村组及滨家嘴村组民宅，其中滨家嘴村组是20世纪50年代之后填水建设而成，马投潭村组则在20世纪80年代之后才开始沿山坡建设。村湾西部为一垄丘陵，其形状为椭圆形，山丘上植被繁盛，层峦叠嶂，1984年发

现马投潭遗址，1947 年在丘垄顶上建有碉堡，20 世纪 80 年代在丘垄顶上又建立了军事通信单位。村湾南部为一片水面。东西湖区原有东湖（今金银湖）和西湖两片面积广阔的大湖水面，马投潭村曾作为东、西湖的联系通道，并与西面汉水相通，是古航运通道的一部分。20 世纪 50 年代之后，由于建设东西湖农场，西湖被填湖造田，东湖面积也大大缩小，马投潭基本成为孤立水潭。开阔的水面、荷塘、池塘，以及水泽湿地构成了马投潭村的水泽景观，春季柳桃相掩，夏季荷映碧叶，秋季湖光粼粼，冬季清悠恬静。村湾北部为湿地及田野，20 世纪 50 年代开始，村民填水做农地，湿地减少，现在主要有苗圃，以及桃园、橘园、葡萄园等果林。

（4）历史文化资源特色

马投潭村现有省级文物保护单位 1 处，即新石器时代的马投潭遗址，不可移动文物 2 处，包括马投潭王氏老屋和马投潭碉堡，均建于民国时期。

1）马投潭遗址

马投潭遗址面积约 8200 平方米，文化层厚 2~4 米，采集有石斧、锛、凿和陶片，陶片以泥质红陶为主，夹砂红陶次之，有少量彩陶，纹饰有戳印纹、篮纹及镂孔、彩绘，器具有鼎、罐、钵、盆等。属屈家岭文化、石家河文化。1984 年 6 月发现，保护范围南北宽 85 米，东西长 90 米。

马投潭遗址

2）王氏老屋

王氏老屋内景

王氏老屋于民国八年由王继金修建。老屋平面呈长方形布局，以中轴线上的前厅、天井和堂屋为主要建筑，两边辅以厢房，除前厅外，左右均衡对称，格局完整严谨，建筑结构以砖木混合为主。梁架为穿斗式，墙体为青砖砌筑，屋面干摆小青瓦，屋脊青瓦干摆，一层式建筑。该建筑占地面积 222 平方米，建筑面积 172 平方米，前厅面阔 2 间，后堂面阔 6 间，正中天井两侧设厢房，建筑平面对称布局。

王氏老屋

蔡甸区
Caidian Qu

马 鞍 村

（1）概况

马鞍村地处马鞍山脚下，知音湖畔，东邻汉阳区，西接大山口村。村域面积 3.04 平方公里，人口 1070 人。村内拥有 1 处省级文物保护单位“钟子期墓”。村庄依山傍水，自然环境优美，同时具有丰富的知音文化底蕴。近年来，为打造“知音故里”文化品牌，村庄沿马鞍山南麓山脚建设了成片橘园，同时大力发展庭院林果，全村种植近 10 万株，包括柑橘、枇杷、油桃、枣、柿子等多个品种，并沿知音湖两岸开发了南湖度假村、知音度假村等 6 个休闲度假村，修建了沿湖绿道，使这里成为武汉及周边人们休闲度假的好去处。

蔡甸区
东西湖区
马鞍村
汉阳区
洪山区
江夏区
汉南区
仙桃市
张湾街办
蔡甸街办
大集街办
侏儒街办
索河镇
玉贤镇
奓山街办
永安街办
消泗乡
东荆街办
纱帽街办
九真山 264

（2）历史沿革

相传 2500 年前，晋大夫伯牙汉江闻笛，楚樵隐钟子期风头渡赏琴，两人萍水相逢，一见如故，琴笛和鸣，一约经年。后来钟子期意外去世，伯牙失去知音，破琴绝弦终生不再鼓琴，一段人间佳话千古流芳。

坐落在马鞍山南凤凰嘴上的钟子期墓，是整个知音传说历史文化传承的唯一文物载体。钟子期墓前有清光绪十五年（1889 年）所立石碑 1 块，“文化大革命”中被毁，1980 年修复。1987 年在墓前修建知音亭。马鞍山曾有钟子期故居，故居周围曾有 18 棵参天古柏，离故居不远的铁铺街口，清代曾立有一座正面刻“古集贤村”、背面刻“高山流水”的牌坊。2012 年，蔡甸区政府将钟子期墓扩建为钟子期公园。

（3）空间格局

村庄北部的马鞍山山形似凤凰，南北走向，绵延共 10 余峰。山的极北端有一峰，紧临天然湖湾，登峰眺远，京珠高速公路、汉水三桥直入眼帘；北望则沃土良田，

村庄良好的环境

纵横阡陌，浩然壮观；南望则湖光水色，林木青翠，荡心怡神。

村庄南部、东部水域面积30平方公里的知音湖环抱着马鞍村。水域中有数十个“半岛”成梳状排列，造形奇异。逶迤多变的湖貌，清澈澄净的水质，堪称“蔡甸山水之都”的缩影。

马鞍村有10个自然湾，依山傍水，自然环境优美。各村湾内多为建于20世纪八九十年代，2~3层、砖混结构的村民自建住宅。

（4）历史文化资源特色

马鞍村现有省级文物保护单位1处，即钟子期墓；区级文物保护单位1处，即南朝时期的马鞍山墓群。

1）钟子期墓

钟子期墓历经修葺。清光绪十五年（1889年），汉阳知县华某并立碑，“文化大革命”中被毁，残碑现收藏于蔡甸区博物馆。1980年恢复墓冢。墓为圆形，封土高1.5米，底径8米，环以石垣；碑高1.5米，宽0.7米，上刻“楚隐贤钟子

钟子期墓

钟子期墓及墓碑

期之墓”。1987年在墓冢的南面修建了碑亭，为钢筋混凝土仿木结构，方形，四柱，歇山式顶，谓之“知音亭”。1995年对其进行了维修，墓冢直径达10米，环以0.9米高的青石垣。2008年对其周围进行了整修，在碑亭前方修建了一条通道，并在通道与墓冢及碑亭周围铺设了青石板。钟子期墓于2008年3月被公布为湖北省文物保护单位，该墓是“知音文化”的源泉和发祥地，对于弘扬“知音文化”具有重要意义。

马鞍山古墓群

2）马鞍山古墓群

马鞍山墓群是一块东西向岗地，呈不规则形。台地上种有庄稼，并开辟有梯田和果园。古墓群中原有两座平行埋葬的古墓被发掘。古墓的墓道均用青砖砌成，在其中一个墓葬里出土了五件陶瓷碗，属南朝遗存。古墓群的发现为研究本地区的丧葬习俗提供了重要实例。

WH LSWH FMCS

第二部分

传统村落

黄陂区
Huangpi Qu

翁杨冲

翁杨冲是黄陂区王家河镇章华村西北部的一个自然村湾，起源于明洪武二年，主要居民为翁姓及杨姓人氏，是翁氏宗族组织管理的血缘村落，因此名为“翁杨冲”。村民今仍保持传统的生活方式和风俗习惯，传承翁氏先辈“勤俭创业，耕读传家”的家训精神。

翁杨冲的村落选址与布局，受到传统风水模式的影响，处于谷脉交融，藏风聚气的福地。古村四周山环水抱，总体地势东北高、西南低。鹿茸山、白庙山、公长山、羽山、板栗坡等将翁杨冲环抱其中，大树华盖如蓬，层峦叠嶂，十分壮美；村内大小池塘星罗棋布，绿如翡翠，青山倒映，梯田菜地四季变化，相映成趣。

古村落的空间形态好似一只展翅飞翔的蝙蝠，寓意“福来翁杨，如意吉祥”。一条贯穿南北的翁杨石街，将整个村落串连起来。街巷小道呈网状与主街相连，场坝、庭院或池塘作为道路骨架

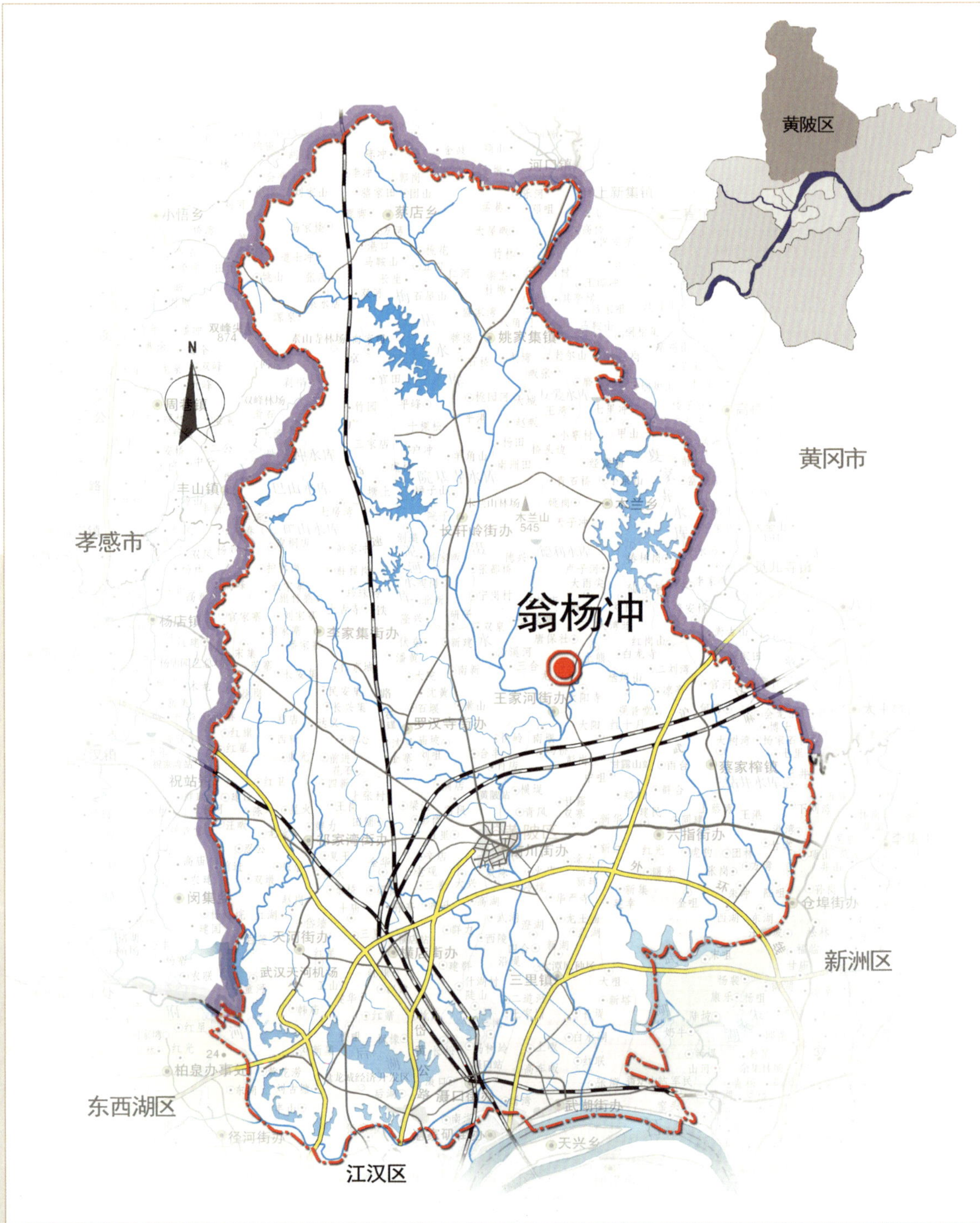
黄陂区
黄冈市
孝感市
翁杨冲
新洲区
东西湖区
江汉区
N
蔡店乡
姚家集镇
木兰乡
木兰山
545
长轩岭街办
李家集街办
王家河街办
罗汉寺街办
蔡家榨镇
六指街办
前川街办
天河街办
武汉天河机场
三里镇
仓埠街办
柏泉办事处
径河街办
天兴乡
武湖街办
丰山镇
周巷镇
杨店镇
祝站
闵集
小悟乡
上新集镇
河口镇

传统民居

的节点，民居围绕道路节点展开布局，呈现出“一街、两巷、四院”的传统格局。村内建筑大多为明清时期至解放前建造的历史风貌建筑，采用传统的砖石结构，建筑形式多为单层坡屋顶，以黑、白、灰、黄为主要色调。翁杨冲古村里古井、石碾、青石板路、池塘、石阶、晒场、庭院等历史环境要素保存完好，烘托出古村浓厚的历史底蕴。

古石碾

翁杨冲鸟瞰

传统民居

传统民居

传统的砖石堆砌墙体

传统街巷

面水而居

南冲塆

南冲塆位于黄陂区长轩岭街道张都桥村，临近大余湾，位于滠水河畔，由江西“筷子巷”迁移至此。

南冲塆4号大宅的主人祖上做书画生意，民国二十二年动工建了大宅。建筑材料主要是杉木和当地的石材。门楼上印着“刀马人彩绘纹饰”和一个巨大的“福”字。历经八十余年，彩绘颜色仍可辨识。青石门框上雕有“瓜蔓蝴蝶纹”“狮子绶带纹”等。刘谦定说，古人奉行“纹必有意，意必吉祥”。“瓜蔓蝴蝶纹”便寓意“瓜瓞绵绵，子孙繁衍”，“瓜瓞绵绵”源自《诗经》。老宅由前厅、四水归堂的天井、东西厢房和正厅组成，三合两进，总面积约220平方米。房高均为一层，穿斗抬梁，构件纹饰精美。

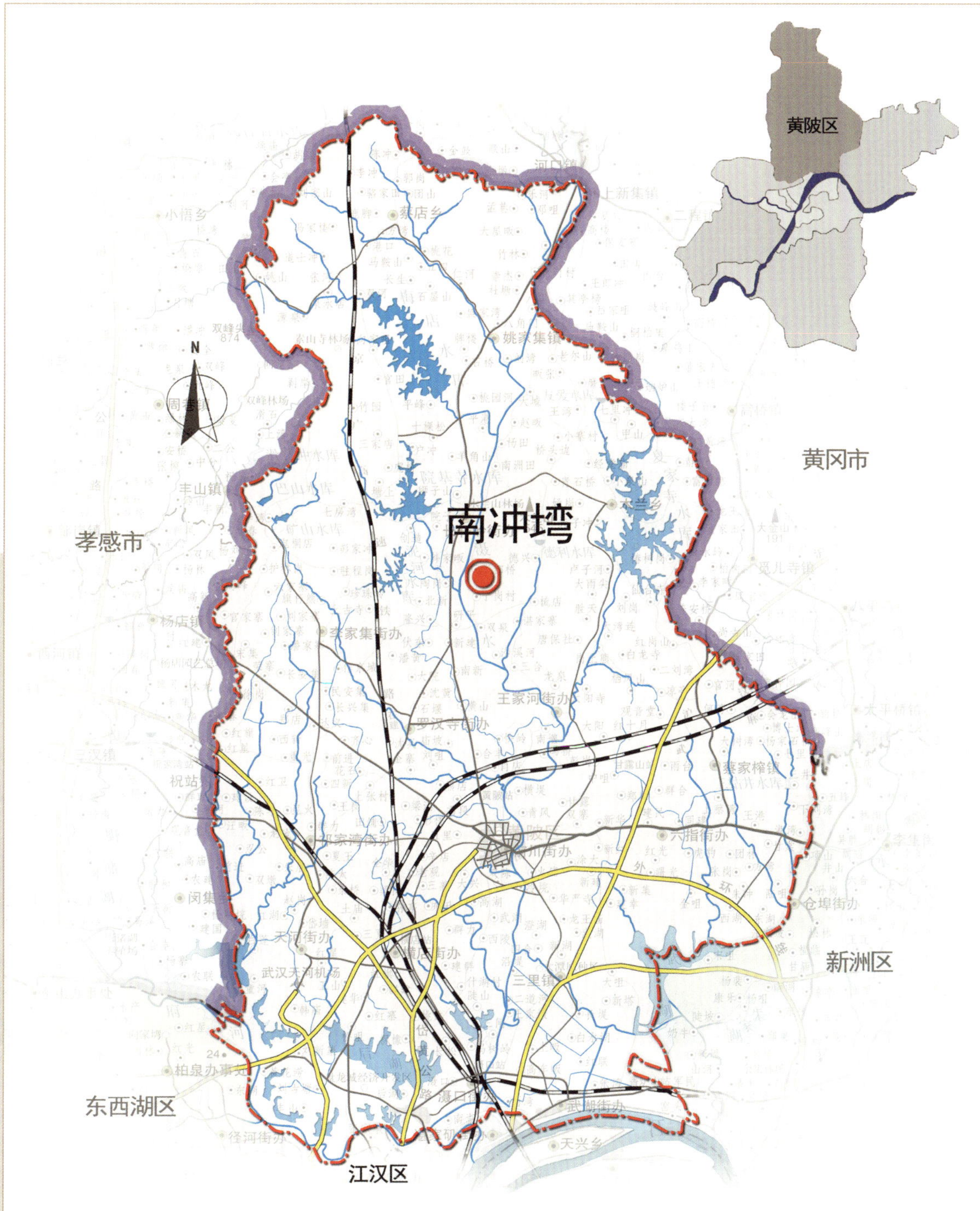
黄陂区
南冲塆
黄冈市
孝感市
新洲区
东西湖区
江汉区

南冲塆环境风光

背山面水

传统街巷

古宅前院

传统民居

灰瓦屋顶

屋檐下彩画

门框雕花“蝶戏金瓜”

槽 门

谢家院子

谢家院子位于黄陂区长轩岭街道赵畈村，临近木兰山，风景宜人。

清末年间，谢家院子的主人姓谢，曾经大富大贵，光耀门楣。清朝覆灭后，王家在原址上新建了院子，便是现在的谢家大院。“文革”时期，房屋内部的所有雕刻装饰和结构装饰破坏严重，外立面石刻的雕饰被砸破损毁，已无法辨认，彩绘也被涂上白色颜料，已是现在无法恢复的工艺。户对上原有的一对石狮，“文

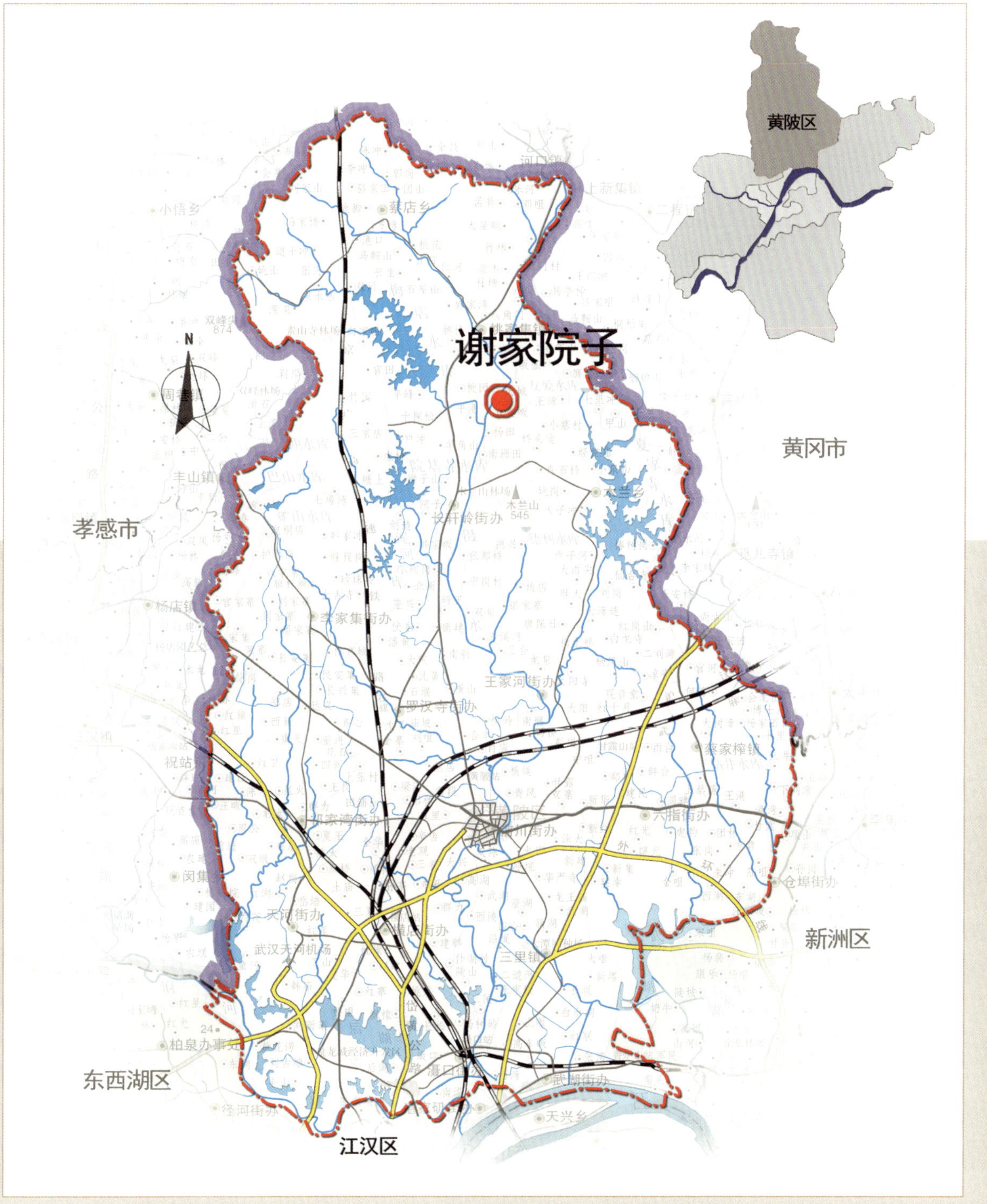
黄陂区
谢家院子
N
黄冈市
孝感市
新洲区
东西湖区
江汉区
蔡店乡
小悟乡
丰山镇
杨店镇
祝站
闵集乡
长轩岭街办
木兰山
545
木兰乡
李家集街办
王家河街办
罗汉寺街办
蔡家榨镇
六指街办
前川街办
祁家湾街办
仓埠街办
天河街办
横店街办
武汉天河机场
三里镇
柏泉办事处
滠口街办
武湖街办
天兴乡
径河街办
河口镇
上新集镇
双峰尖
874

革”时被当作“四旧”搬去做了门前水塘的护坡石。

随着村民生活水平的提高，部分传统民居已被新楼取代。大院前的空地安置着健身器械，谢家院子已是一片社区景象，安逸悠闲。

谢家院子正立面

谢家院子

鸟瞰谢家院子

谢家院子正立面

檐口装饰

门框精美雕花

檐口彩画

普通民居

环境景观

普通民居

张家湾民居

张 家 湾

张家湾位于黄陂区长轩岭镇短岭村，临近木兰山，交通便利。全村 34 户，240 余人，多为留守务农老人。该村居民多为黄巢起义时由西筷子街逃难迁移至此。

村中有传统民居三栋，光绪三十三年采石动工，民国三年建成。传说做屋上梁时，翰林院侍讲陈德纯还为祖父张先寿送来“锦堂日永”的金字匾和百寿图中堂，以及“华临四川织地州……”的楹联。悬挂大匾的木托斗至今尚在，但金字匾、百寿图中堂和楹联已不知去向。建筑具有冬暖夏凉的特点，主要由于建筑为石材堆砌，墙体较厚，层高较高。

鸟瞰张家湾

张家湾
黄陂区
黄冈市
孝感市
新洲区
东西湖区
江汉区
N
姚家集镇
蔡店乡
木兰山
545
长轩岭街办
李家集街办
王家河街办
罗汉寺街办
蔡家榨镇
六指街办
三里镇
天河街办
武汉天河机场
祁家湾街办
仓埠街办
武湖街办
天兴乡
柏泉办事处
径河街办
孝感市
丰山镇
杨店镇
闵集
祝站
小悟乡
河口镇
上新集镇
木兰乡
周巷镇
双峰尖
874

建筑细部

建筑细部

建筑物内部

建筑物内部

建筑细部

建筑物内部

天井

天井

传统民居

传统民居

大胡家楼

大胡家楼位于黄陂区仙河店村，东临木兰山，西临滠水河，水陆运输都较方便，以丘陵地形为主。主姓人员主要由江西筷子街迁徙至此。全村登记在册的有 83 户，324 人。

大胡家楼的印子屋于民国元年开始建设，民国三年建成。印子屋主人在陕西贩药材发家，本是一户，后家里四兄弟分家成四户，现有一户仍住在大胡家楼内。

石头房子

黄陂区
大胡家楼
黄冈市
孝感市
新洲区
东西湖区
江汉区
N
蔡店乡
河口镇
姚家集镇
双峰尖
874
木兰山
545
木兰乡
长轩岭街办
丰山镇
杨店镇
李家集街办
王家河街办
罗汉寺街办
蔡家榨镇
六指街办
仓埠街办
天河街办
武汉天河机场
三里镇
武湖街办
天兴乡
柏泉办事处
闵集

保存相对完整的民国元年所建印子屋

该屋由门厅、天井、东西厢房和正房组成，面阔三间，前后两进。该屋右路房屋已被拆除，左路房屋也只剩天井等。山墙及大门上方两边有墀头翘角，屋檐下为青石牌匾、门框，上镌有寓意福寿的八仙、福字和鸟兽纹。厢房、正房内斜撑、柱 榇 、额枋等木构件雕刻精美，四个石门框上分别镌刻“东迎 ××(此处字迹已模糊不清)”“南连箕翕”“西接长庚”“北映斗柄”等大字。墙上石刻、彩绘、拴马铁环等尚存。

村中巷道

老屋内部破败不堪

古式老门

木门

木门

檐 口

檐 口

泥人王村

泥人王村位于黄陂区李家集，云雾山下，2009 年李集街为了加强泥人王村的管理并尊重群众的意愿，经区民政局批准，成立了泥人王村民居委会。

泥人王村是黄陂泥塑文化的空间载体。黄陂泥塑文化始于唐朝，兴于道光年间，是中国泥塑文化艺术的代表，“北有泥人张、南有泥人王”中的泥人王就出于黄陂。归元寺 500 金身罗汉就是出于黄陂泡桐乡云雾山泥人王村的王氏父子之手。

泥人王村外围

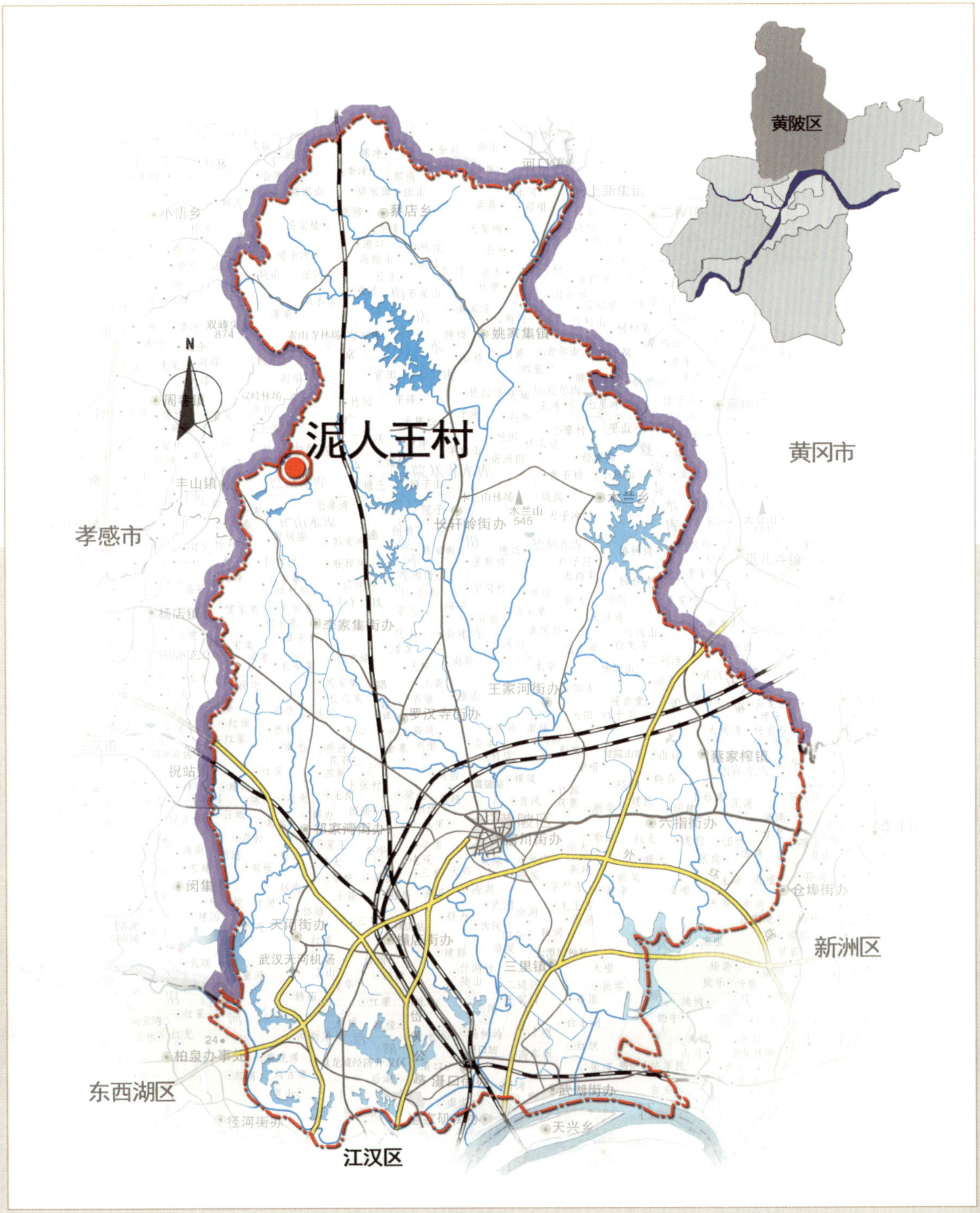
黄陂区
泥人王村
黄冈市
孝感市
新洲区
东西湖区
江汉区
蔡店乡
姚家集镇
长轩岭街办
木兰乡
李家集街办
王家河街办
罗汉寺街办
蔡家榨镇
祁家湾街办
六指街办
前川街办
天河街办
横店街办
武汉天河机场
三里镇
仓埠街办
武湖街办
天兴乡
柏泉办事处
径河街办
小悟乡
丰山镇
杨店镇
祝站镇
闵集
周巷镇
上新集镇
河口镇
西张店
长岭
双峰尖
874
木兰山
545

泥人制作

1976年黄陂被中宣部批准为“中国泥塑之乡”。黄陂泡桐一带就是全国闻名的泥塑之乡，江汉路上的《热干面》《下棋》《挑水》等雕塑，深圳世界之窗公园的《大卫》雕像都凝聚有他们的汗水。20世纪90年代末，这里大批的泥塑企业逐渐没落停产，这些艺人散落到全国各地。据不完全统计，目前的泡桐，活跃着200多名身怀绝活的泥塑艺人，一坨不起眼的泥巴，一经他们的手，便有了灵气，有了传世的生命。

泥人制作场景

泥塑博物馆

泥塑作品《朵瓣归仓》

泥塑作品《柳下拓痛骂孔老二》

泥塑作品《太平天国女英雄洪宣娇跃马杀敌》

雨台村

雨台村位于黄陂区六指街道，临近公路，交通便捷。雨台村户籍人口 1673 人，目前常住人口 500 人。

雨台村由三个湾子组成，分别是连三楼、柏树湾和九陈湾，其中连三楼和柏树湾以周姓为主，九陈湾以陈姓为主。

村内现存有一对清代下马石。由于雨台村经济发展较快，村民生活条件较好，目前留存的老房子较少。

黄陂区
黄冈市
孝感市
雨台村
新洲区
东西湖区
江汉区
N
蔡店乡
姚家集镇
长轩岭街办
李家集街办
王家河街办
罗汉寺街办
蔡家榨镇
六指街办
天河街办
武汉天河机场
三里镇
武湖街办
天兴乡
仓埠街办
祝站镇
闵集
丰山镇
杨店镇
小悟乡
河口镇
上新集镇
木兰乡
木兰山
545
柏泉办事处
径河街办

財源進福門

民居建筑

建筑细部

门

建筑细部

青石板台阶

清代下马石

石磨

古井

童 家 湾

童家湾位于黄陂区王家河镇大陂村，前川以东25里的响山北侧，历史上称为“响山童家湾”。

童家湾是一个非常不起眼的小湾子，现在只有21户人家。这里世代书香，晚清以来出了很多杰出人物。

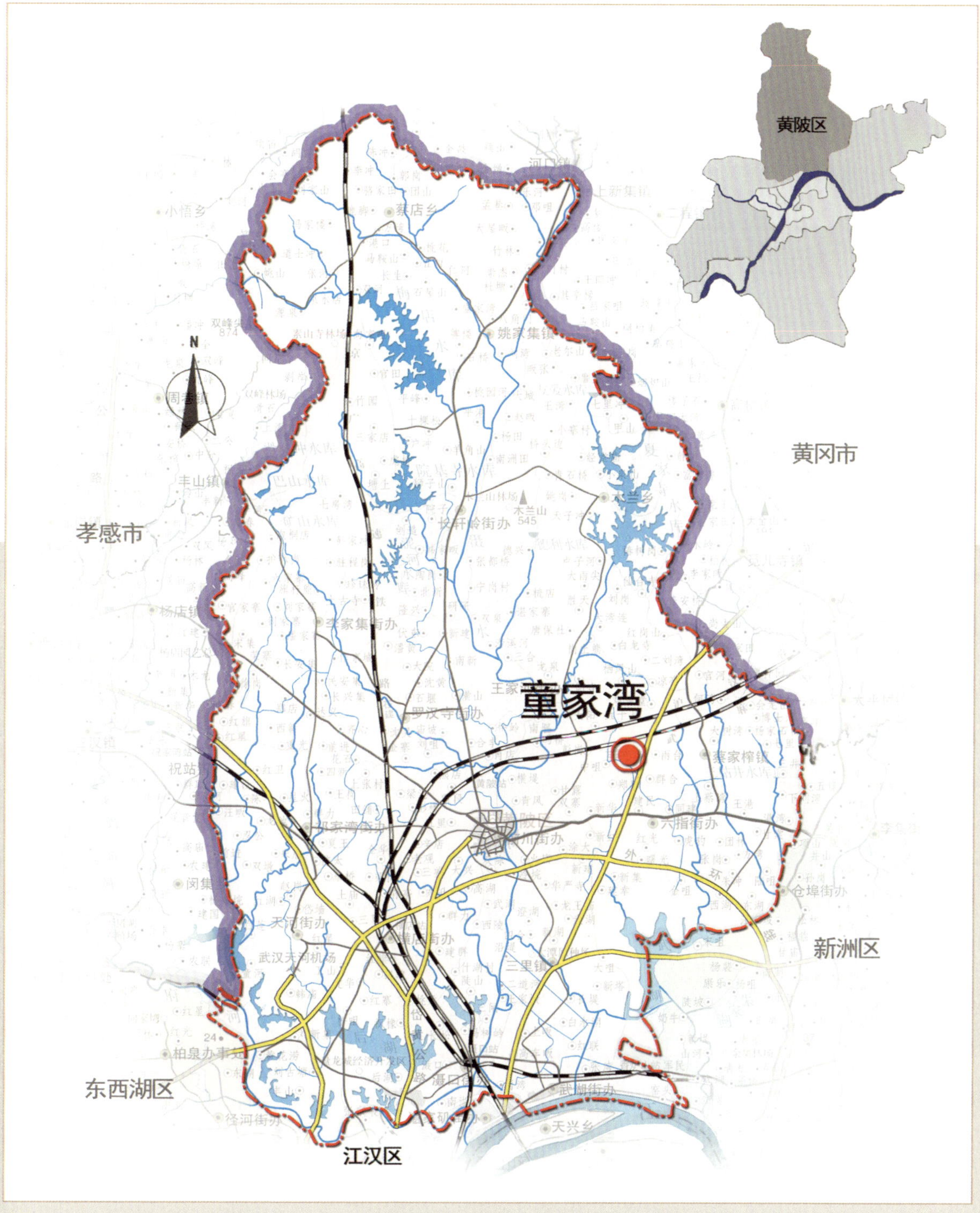
黄陂区
黄冈市
孝感市
童家湾
新洲区
东西湖区
江汉区

清代，童家湾里出了两位将军，民国时期童云程将军为少将，童云程先生的儿子童陆生先生曾三次被授予少将军衔。其堂弟童邱龙将军生前为济南军区顾问，开国大校。他在职时军衔制被取消，其级别至少为少将。是以童家湾有一门三少将之说。除了童云程伯侄之外，童家湾还出了不少文化人。

童家湾在清乾隆年间为一地主的庄屋。始祖在湖南武冈州任知州时买下这个庄屋及附近田地，1751 年卸任后携第二子童耕莱全家五口搬来此地居住。门前大塘北端有一刺柏树，应是明代或更早时种植的，据此推断此地建村应不晚于明代。

传统民居

传统民居

传统民居

传统民居

传统街巷

干砌石墙

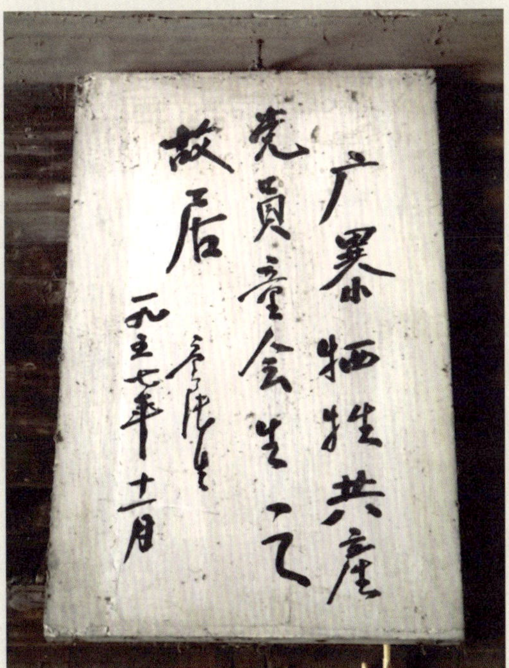

童将军故居题字

赵 家 畈

赵家畈位于黄陂区长轩岭街道，临近木兰山，从黄土公路可直接到达。村中常住居民 150 人左右。

村口修有风水塘，房屋沿水塘而建，大多房屋已经改造成现代化风格，只剩少量明清时代的古宅，且损坏较严重。村中名人赵南山的故居已无人居住，屋内结构已损毁，只剩外墙屹立不倒。

赵家畈村在国民党时期是个有名的村子，当官的人非常多，且均为省级以上的官。传统建筑多建于民国时期、同治时期以及同治时期之前。

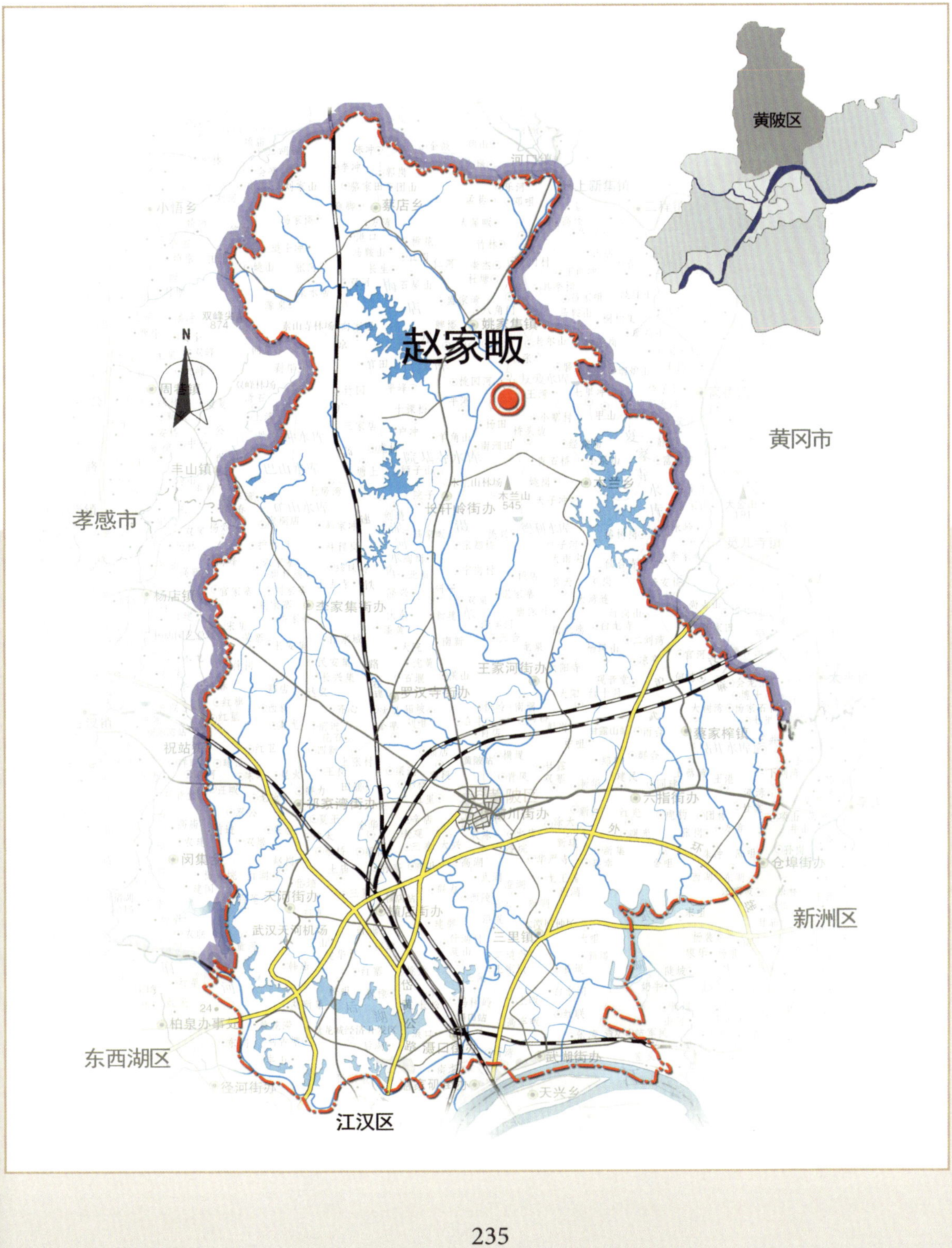
黄陂区
赵家畈
黄冈市
孝感市
新洲区
东西湖区
江汉区
N

清代古宅

门 楼

传统街巷

传统街巷

槽 门

石 盘

新洲区
Xinzhou Qu

长岗山村

长岗山村位于新洲区徐古镇长岗山，东临黄冈。长岗山蜿蜒盘亘，与鄂东著名的将军山、接天山、大崎山遥相呼应，互为犄角，是大别山南麓之门户。村域面积约 6.3 平方公里，山林近 8000 亩，植被保护完好，是武汉市村级封山育林面积最多的村之一。大湾、细湾、细笨冲湾等自然村湾内现存的部分传统民居建筑，大都保存较为完好，集中成片。村内普遍种植柿子树，秋季果实成熟时，远远望

鸟瞰长岗山村村庄

黄冈市
新洲区
岐亭镇
凤凰镇
徐古镇
夫子河
长岗山村
李集街办
仓埠街办
汪集街办
辛冲镇
杜皮乡
黄冈市
阳逻街办
涨渡湖
团风镇
白玉山街办
洪山区
双柳街办

去，如同小灯笼般悬挂枝头，为宁静的村庄增添了几分情趣。村内现有一处旅游景点——潭龙瀑布，水依山跌宕，仿佛自天而来，在 30 米高处的豁口凌空直下，把长岗山激荡的乱石排戟，飞梁作梯。

传统民居

传统民居

传统民居

传统民居

建筑细部

村内的柿子树

大雾山村

大雾山村位于新洲区东北部的旧街街道，平均海拔400多米，群山环绕，拥有山林面积7200亩，是典型的山区村，乡土气息淳朴，景色宜人。村内传统民居建筑依山就势，围绕村中池塘临水而建，粉墙黛瓦，充满了灵秀之态。大雾山村附近有新洲十大景点之一的狮子岩和少潭河水库，自然风光优美，板栗、柿子、枫叶、乌桕、银杏等植物更是给秋季的大雾山村涂上了斑斓的色调。2007年，全国反映广播电视“村村通”工程建设成果的电影《青青的大雾山》曾于村内取景拍摄。

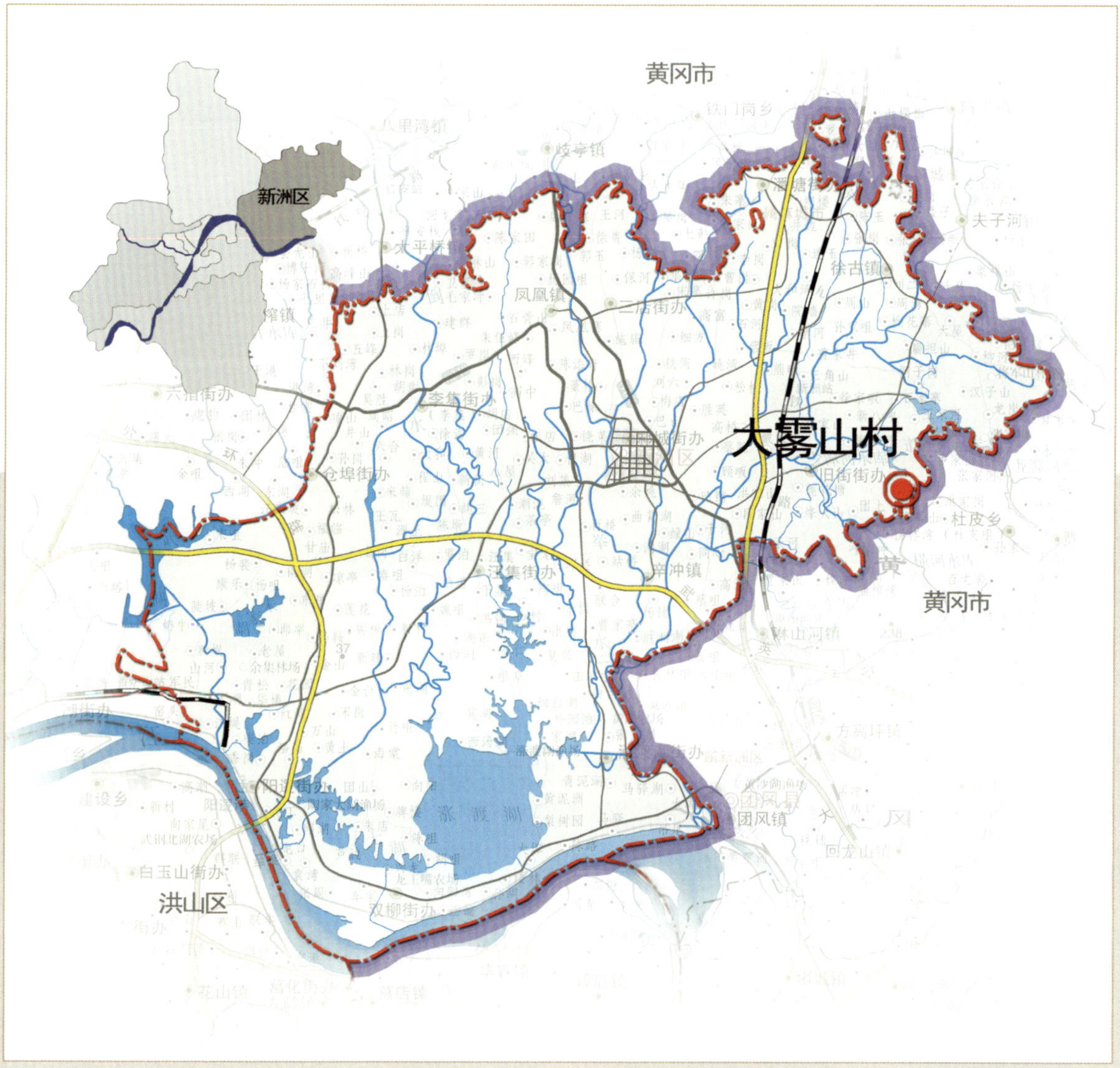
黄冈市
新洲区
大雾山村
黄冈市
洪山区
凤凰镇
李集街办
仓埠街办
汪集街办
辛冲镇
徐古镇
杜皮乡
双柳街办
白玉山街办
团风镇
涨渡湖

村口蜿蜒的公路

村内围绕池塘建设的民居

传统民居

传统民居

古银杏

村内的柿子树

WH LSWH FMCS

第三部分

古山寨

黄陂区
Huangpi Qu

龙王尖古寨

龙王尖古寨位于武汉市黄陂区李集街驻程岗村尔门李湾北，李集与长轩岭交界处的龙王尖山顶，北枕矿山，南瞻武汉，东眺木兰山、木兰湖，四周有洪关山、赶鸡山、院基寺水库、泥河水库、矿山、矿巴水库等，山水相依环绕，山水资源丰富。

明宣德二年（1427 年），始建龙王庙。景泰七年（1456 年）为御匪保民，建龙王尖古寨。嘉靖二年（1523 年）和崇祯十一年（1638 年）有两次小规模的扩建

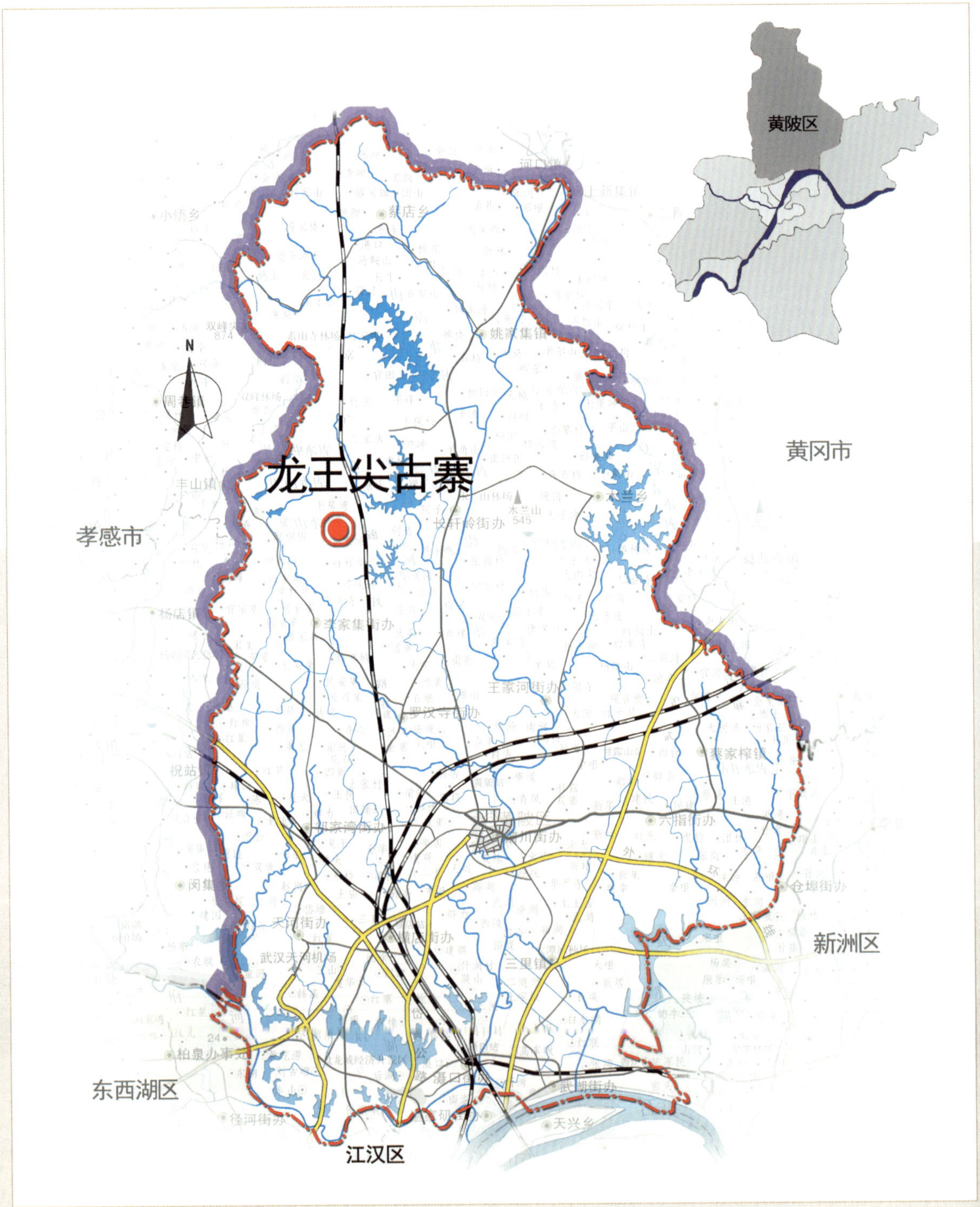
黄陂区
黄冈市
孝感市
龙王尖古寨
新洲区
东西湖区
江汉区
N
蔡店乡
姚家集镇
长轩岭街办
木兰山
545
王家河街办
罗汉寺街办
蔡家榨镇
六指街办
前川街办
祁家湾街办
天河街办
武汉天河机场
三里镇
仓埠街办
天兴乡
丰山镇
祝站镇

和修缮，清咸丰二年（1852 年）为防“长毛”，又进行大规模修建。同治七年（1868 年）年底，龙王尖古寨基本建成。龙王尖古寨是由民间集资修建的军事防御古寨，用于御匪、保境、安民，在武汉地区不多见，对研究明清时期的政治、经济、军事、文化、民俗、宗教具有重要的意义。古寨 2007 年被公布为湖北省文物保护单位。

古寨墙长约 12 公里，占地面积 1.5 余平方公里，雄伟壮观，被称为黄陂山野的“汉版长城”。寨墙倚山踞岭，均高 3.5 米，最高处 4.5 米，宽 1.3 米至 1.5 米。全寨共有东西南北 4 大寨门，寨墙上砌有哨口、箭窗、礤木檑石发座、烽火台等。内墙半腰有 1.1~1.4 米宽的巡道。寨内有采取干砌方法建筑的用于武备、居住、议事、治安、经商、娱乐等的大小石板屋 1200 余间，面积最大的达 110 平方米，最小的不足 4 平方米。目前古寨墙整体保存完整，大小石板屋墙基清晰可见，但屋顶已毁，寨内杂草丛生，垒砌寨墙的石块散落满地。

古寨墙

龙王尖古山寨全景图

古寨老墙遗迹

古寨老墙遗迹

古寨老墙远景

龙王尖古寨遗址

西峰尖古寨

西峰尖古寨位于武汉市黄陂区蔡店乡院基寺水库东北角，为经由大余湾至木兰山的第一个山寨，邻近木兰清凉寨，海拔700余米，双峰尖清晰可见，在其上可俯视大半个蔡店乡。由于西峰尖海拔较高，其所处的位置特殊，在院基寺水库东北边的中间，可以俯看水库之中河汊纵横，孤岛林立，美丽壮观。西峰尖古寨上墙很高，依山石顺势而建，保存较为完整。山上本有一寺庙，现已被毁，原址上寺庙的地基清晰可见。

整体格局鸟瞰

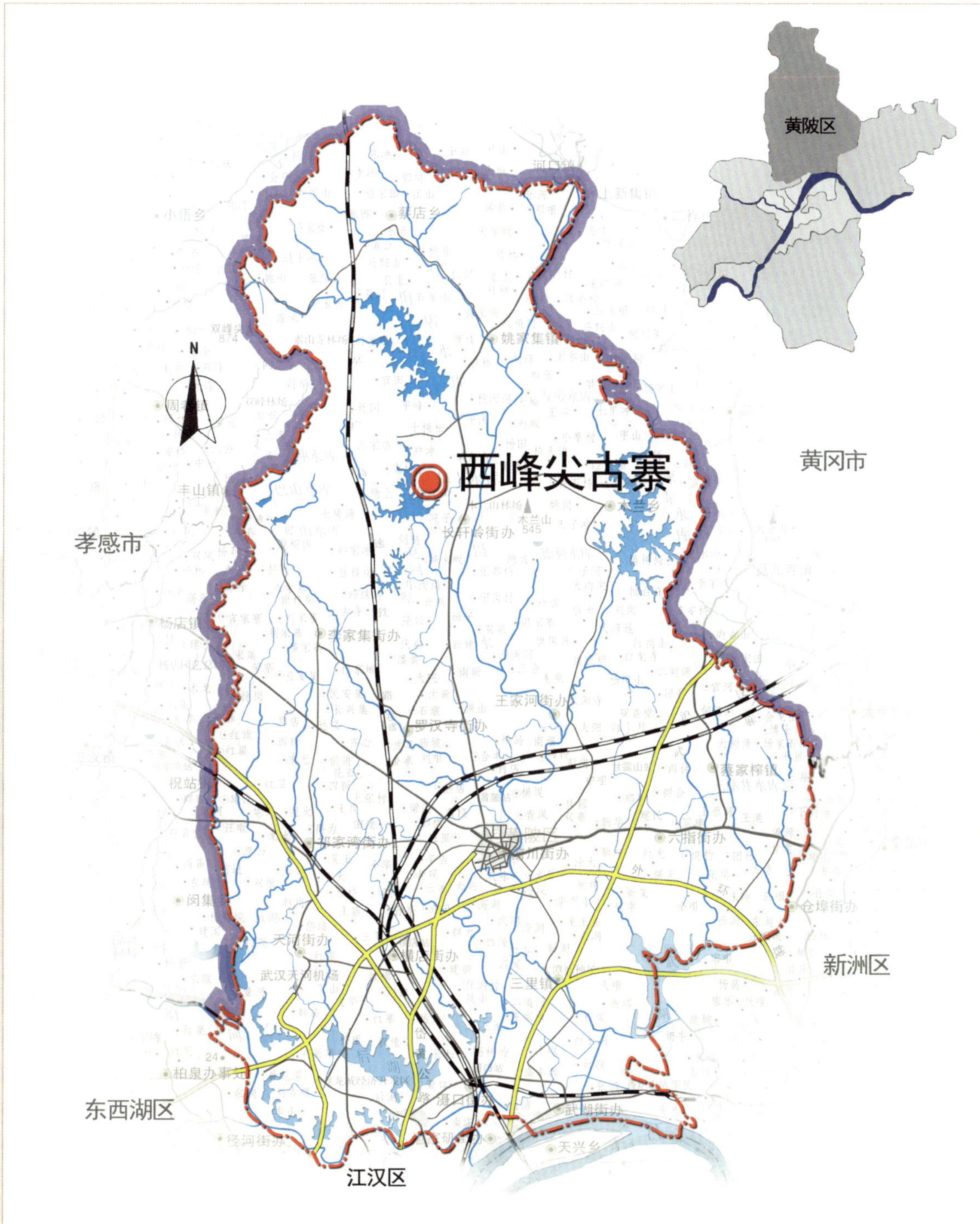
黄陂区
西峰尖古寨
黄冈市
孝感市
新洲区
东西湖区
江汉区
N
河口镇
蔡店乡
姚家集镇
木兰乡
木兰山
545
长轩岭街办
李家集街办
王家河街办
罗汉寺街办
蔡家榨镇
六指街办
祁家湾街办
前川街办
仓埠街办
天河街办
横店街办
武汉天河机场
三里镇
滠口街办
武湖街办
天兴乡
柏泉办事处
径河街办
丰山镇
杨店镇
祝站镇
闵集
小悟乡
双峰尖
874

西峰尖古寨风景全貌

被损毁的石砌寺庙

古寨遗迹

木兰山古寨

木兰山古寨寨墙是最为典型的木兰干砌寨墙，位于黄陂区前川街道城北，距武汉主城区 50 公里。古寨寨墙均由山上产的片岩石、片麻石交错干砌而成，即不用沙浆、石灰，而是采用大小石块嵌压层叠干垒而成，形成了独具特色的“木兰干砌”寨墙。寨墙全长 2500 米，高 3 米左右，建造在木兰山主峰海拔 400 米的山腰，宛若游龙，依山傍势盘旋于悬崖绝壁之间，有“木兰长城”的美誉。

黄陂区
N
木兰山古寨
黄冈市
孝感市
新洲区
东西湖区
江汉区
蔡店乡
姚家集镇
长轩岭街办
木兰乡
李家集街办
王家河街办
罗汉寺街办
蔡家榨镇
六指街办
祁家湾街办
前川街办
天河街办
横店街办
武汉天河机场
三里镇
滠口街办
武湖街办
天兴乡
仓埠街办
柏泉办事处
径河街办
丰山镇
杨店镇
祝站镇
闵集
河口镇
上新集镇
小悟乡
双峰尖

山寨古墙

古寨建筑遗迹

古寨建筑遗迹

铁　寨

铁寨位于武汉黄陂区与孝感市大悟县交界处的铁寨山上，黄陂蔡店街道以北 5 公里处。铁寨山是大别山支脉，它的主峰是一个金字塔形的、体积约 20 万立方花岗岩石包，四周都是绝壁，只有一侧有道石缝，被人开凿出一条通道，其中临近山巅处，更是凿成一个卡口。山巅的面积约为一亩，建有一座石构的小庙。它的寨墙规模不大，主要是三面修砌，将这块巨石作为最后的防御节点。现在只有北面的寨墙还较为完整。铁寨的奇石最具特色，其中最形象最有代表性的乃是“流泪的大象”。大自然鬼斧神工，将大象的眼、眉、耳，尤其是鼻子，雕琢得惟妙惟肖。更绝的是，它的眼睛是一道天然裂痕，有雨水沁出。

铁寨山主峰

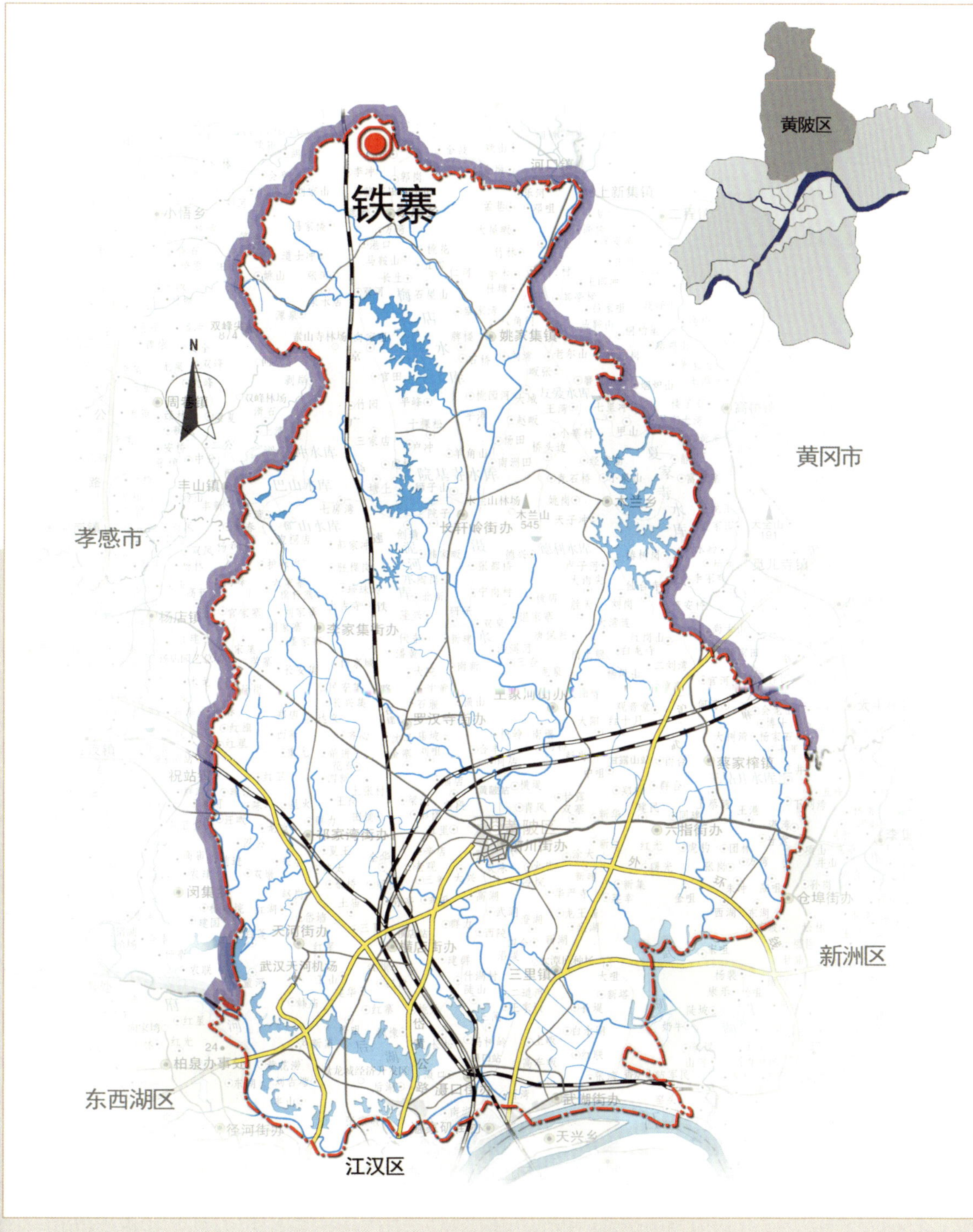
铁寨
黄陂区
黄冈市
孝感市
新洲区
东西湖区
江汉区
姚家集镇
长轩岭街办
李家集街办
罗汉寺街办
蔡家榨镇
六指街办
天河街办
武汉天河机场
三里镇
武湖街办
天兴乡
木兰乡
木兰山
545
丰山镇
周巷镇
杨店镇
祝站镇
闵集
柏泉办事处
径河街办
仓埠街办
河口镇
上新集镇
小悟乡
双峰尖
874
N

铁寨全景

铁寨的胖头鱼

天 保 寨

天保寨又名“天宝寨”、“天门寨”，位于黄陂区李家集镇云雾山景区西北六指街竹林寺上。天保寨依靠天门山而建，东与矿山山脉相连，西与双峰山相望，寨墙北面是陡峭的天门山北坡，南面相对平缓，可下到竹林寺，进入云雾山景区。寨子相对比较大，因为当地村民耕种造田，所以原先的寨址和寨子的整个西部山墙已基本不存在，残存的基本就剩下两面山墙。

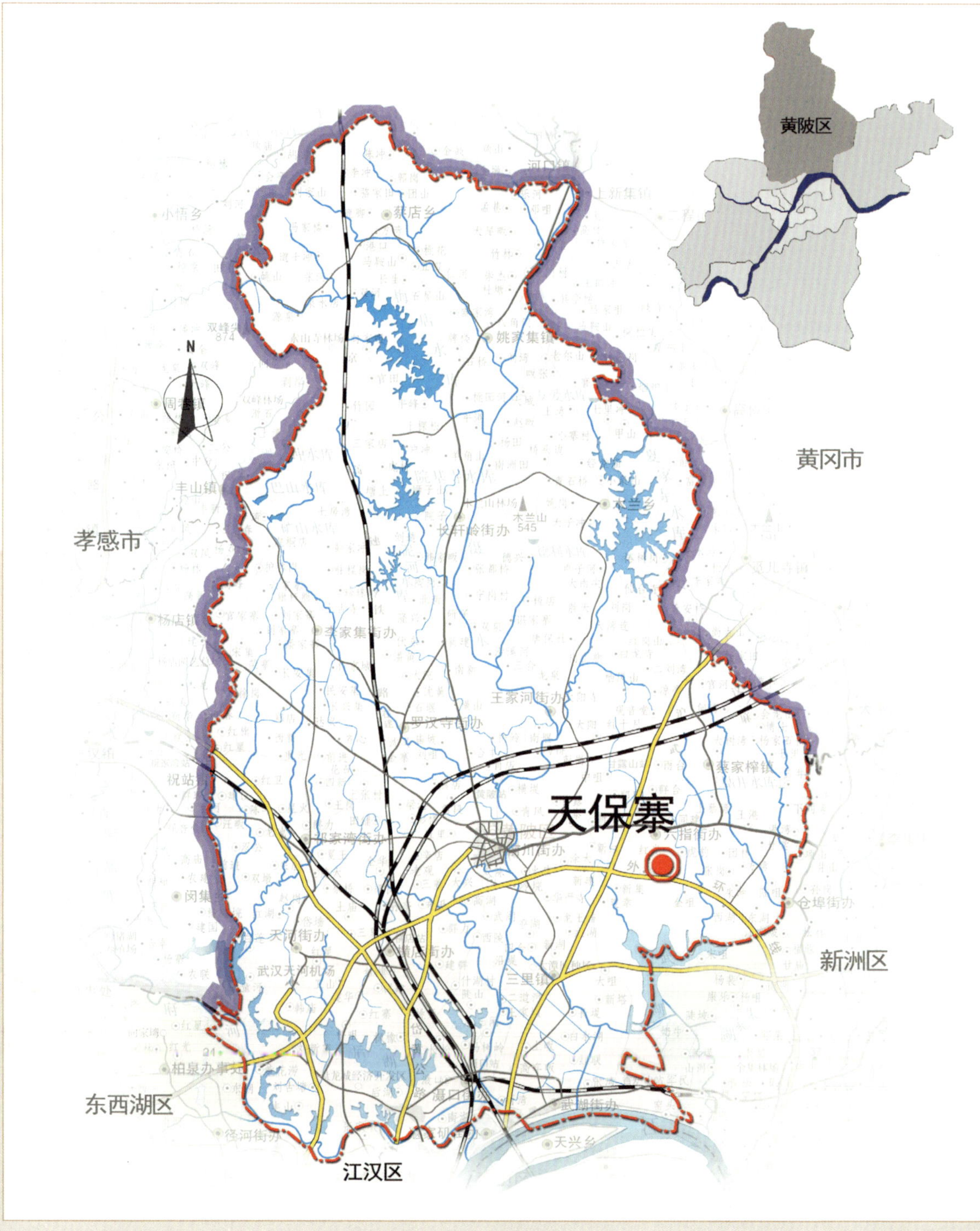
黄陂区
黄冈市
孝感市
天保寨
新洲区
东西湖区
江汉区
蔡店乡
姚家集镇
长轩岭街办
木兰乡
李家集街办
王家河街办
罗汉寺街办
蔡家榨镇
六指街办
前川街办
祁家湾街办
天河街办
武汉天河机场
三里镇
仓埠街办
武湖街办
天兴乡
丰山镇
杨店镇
祝站镇
闵集
柏泉办事处
径河街办
小悟乡
周巷镇
河口镇
上新集镇
木兰山
545
双峰尖
874
N

天宝寨的外观近乎正方形，东西约 170 米，南北约 180 米。城墙最高约 20 米，有一条较大的护城河，现已改造为人造湖。城墙脚下，表面饰有绳纹的古陶片随处可见。这个名为“东城址”的古城址，最早的历史可追溯到梁武帝萧衍在此筑冶城、打制兵器。其后，这里为居民居住。战争中，由于曾被攻打数日而未攻克，于是被当地群众称为天保寨。这个寨子可能早在东周时期，就有大型建筑物，且人口稠密，街市繁华。后来因为战争或自然灾害，先民逃离，而留下这座“废城”。

伏马山寨

伏马山寨，位于黄陂区罗汉寺街伏南村，是离武汉市区最近的山寨。伏马山海拔约 500 米，是一座孤山，四周视野十分开阔。山头有大片平地。整个山头周边，有绵延两三公里长、用不规则石块垒成的城墙，城墙内有连排的房屋遗迹，城墙宽处约 3 米，窄处约 1 米，矮处约 1 米，高处约 4 米。房屋面积大多在 15 平方米左右。最中间的一间大房面积有 400 余平方米。山寨石头很特别，一种是黑色的

黄陂区
黄冈市
孝感市
伏马山寨
新洲区
东西湖区
江汉区
N
蔡店乡
姚家集镇
木兰乡
木兰山
545
长轩岭街办
李家集街办
王家河街办
罗汉寺街办
丰山镇
杨店镇
祝站镇
天河街办
武汉天河机场
三里镇
六指街办
蔡家榨镇
仓埠街办
天兴乡
柏泉办事处
径河街办

玄武岩，一种是白色的石英石，称为“黑猪赶白羊”，这也说明此地有过比较剧烈的地壳运动。寨有四门，墙有炮眼，内有连排营房遗迹，似为太平天国时期的兵寨。城墙外面的山坡上，有一条四五米宽的土路，估计曾用于跑马。

伏马山寨

伏马山寨

新洲区
Xinzhou Qu

狮子岩古寨

狮子岩古寨位于旧街街道利子河东 1.5 千米，少潭河水库西南侧的狮子岩山崖之巅。狮子岩山状如雄狮，其东端山顶形如狮头，上建有“狮峰寺”寺庙。狮头下为少潭河水库，水库被蛇山、虎山、龙山、锈球山环绕其中，山崖下为河山之间的盘山公路。狮子岩顶突兀于少潭河内，山水相连，景色迷人。

现残存的城墙为太平天国转战鄂东时而建，在明清时期为闻名于世的“蕲黄四十八寨”之一。其作用为当地豪绅躲避“长毛”的藏身之地；抗日战争时期为

古寨入口

黄冈市
新洲区
狮子岩古寨
黄冈市
洪山区
铁门岗乡
岐亭镇
凤凰镇
二店街办
李集街办
仓埠街办
汪集街办
辛冲镇
徐古镇
夫子河镇
杜皮乡
林山河镇
方高坪镇
团风镇
回龙山镇
白玉山街办
双柳街办
阳逻街办
建设乡
余集林场
涨渡湖
华容镇
段店镇
葛店镇
花山镇
葛化街办
六指街办
八里湾镇
太平桥
淘金街办

古寨全景

抵抗日寇入侵的坚固城堡；解放战争时期为李先念、陈少敏、张体学、刘西尧等鄂东军政领导和“新五师”在此坚持游击战争、发展壮大革命武装的根据地之一。

古寨原城墙厚1.5米，高4米，长2700余米，城内砌石屋500间，用以屯兵禁民，古寨东、西、南、北四方建有城门，是当时民间自筑堡垒中建制较完备的一座山寨。东面狮子头顶圆形城堡保存完好，石墙高达10余米，上有古井称之“狮鼻”；西城门形状基本保存，城墙上部倒塌；北面城墙除上部残缺外，基本保持原状；从西门至东狮子头顶城堡，经三座山峰后，从下至上铺二百步石阶，石阶保存完整。

狮子岩古寨遗址

手绘效果图

少潭河水库

保 安 寨

保安寨位于新洲区王家河村西南部，在道观河风景旅游区范围内，紧邻道观河水库。清咸丰二年（公元 1852 年）至同治五年（公元 1866 年），太平天国和捻军转战新洲与清廷较量。保安寨凭借它的险要地势，同新洲其他山寨成为太平军与清军官兵作战的主战场。

清同治三年（公元 1864 年）五月，清廷闻知西北太平军东下，急命僧格林沁

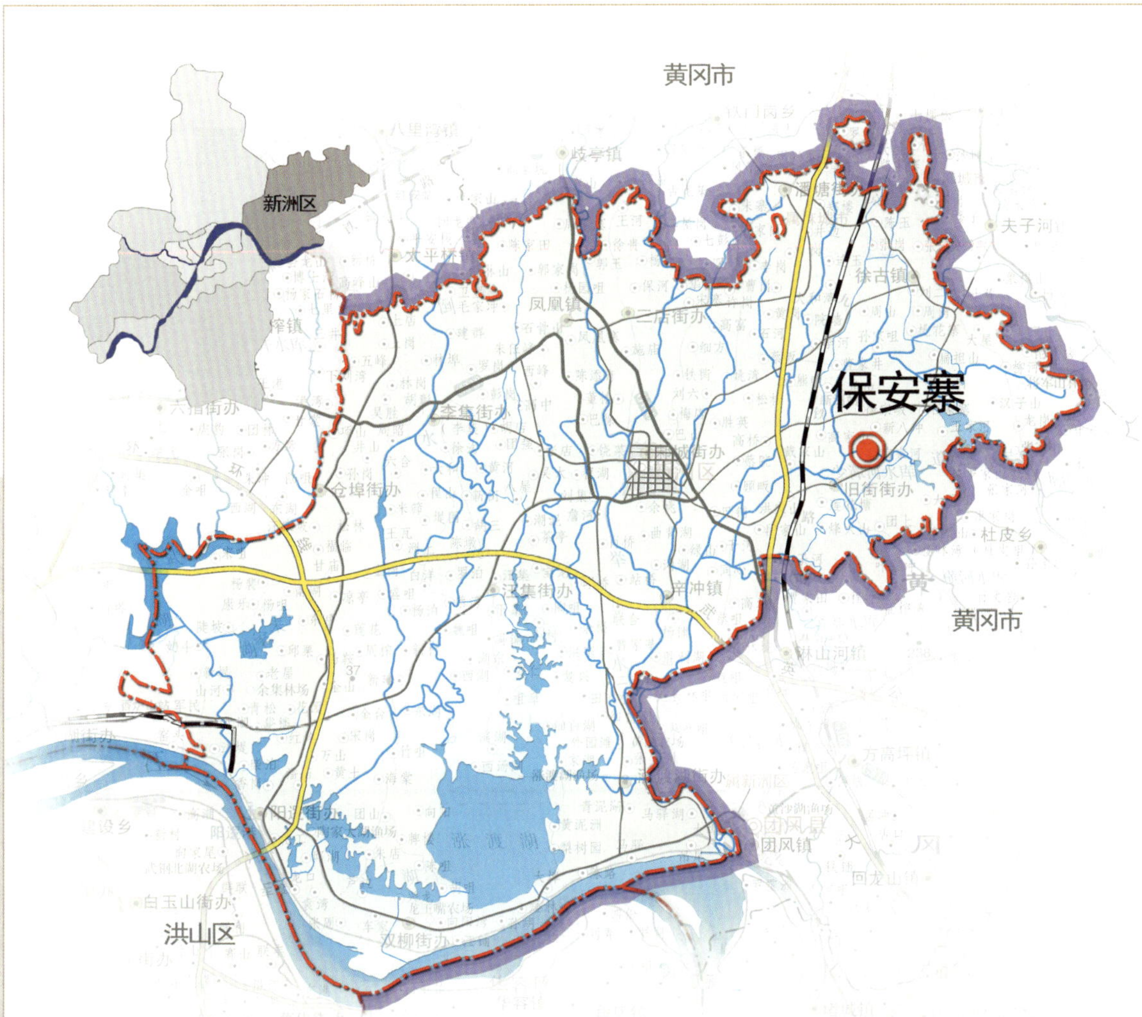
黄冈市
新洲区
岐亭镇
夫子河
徐古镇
凤凰镇
二店街办
李集街办
保安寨
旧街街办
杜皮乡
仓埠街办
汪集街办
辛冲镇
黄冈市
涨渡湖
阳逻街办
团风镇
白玉山街办
洪山区
双柳街办

蒙古骑兵、湖广总督官文、河南张之万、安徽巡抚乔松年各军在鄂东地区进行阻击，保安寨一度成为主战场，新洲地方“烽火弥月不绝”。

20 世纪 20 年代以后，保安寨一带因山多林密，地势崎岖，故在大革命时期、抗日战争时期和解放战争时期，成为我党我军开展游击战的根据地之一。老一辈无产阶级革命家李先念、方毅、刘西尧、张体学、林维先、陈少敏和赵辛初等，都曾在这里战斗和生活过。

台 阶

道观河水库风光

道观河水库全景